WAC BUNKO

世界史のなかの満洲帝国と日本

宮脇淳子

渡辺美弥様

宮脇淳子

はじめに――なぜ、いま満洲か

日本が大東亜戦争に敗れ、台湾や朝鮮半島や満洲や樺太や南洋諸島などの外地をすべて失って日本列島に引き揚げてから六十五年が過ぎた。日教組が主導した戦後の歴史教育では、日本列島の外に出て行った日本人は、たとえ本人にその自覚がなくても、「全員が悪いことをしたんだ」と教える。しかし、中国人や朝鮮人は全員いい人で正しいことをしたのに、日本人がしたことは全部悪かったなんて、ちょっと考えれば変だとわかりそうなものではないか。ところが、日教組教育が浸透してしまった今では、若い日本人は、中国や韓国に日本が悪いことばかりしたと本気で思っている。このままだと、年を経るごとにますます嘘の歴史に書き換えられ、史実から遠ざかるばかりであることを憂慮して、本書を書いた。

日本人に自虐史観のマインドコントロールをかけたのは、ソ連共産党が結成したコミンテルンの工作にもとづく左翼思想を信奉した人々であるが、日本に原爆を二発も落としたアメリカにとっても、「日本列島以外の土地に領土拡大したことが身のほど知らずの悪だった。だから戦争に負けて、原爆を落とされたのも罰が当たったんだ」と日本人が考えてくれるのはたいへん都合がよかった。さらに日本の敗戦後に成立した中華人民共和国も韓国も北朝鮮も、日本人の内省的かつ自虐的な史観のおかげで、自国のあらゆる矛盾を日本人のせいにすることができ、しかも日本から莫大な援助を取り続けることができる。

このような内憂外患《ないゆうがいかん》の状態をどのようにすれば打破できるか、簡単ではないが、少なくとも史実を正確に述べておけば、かならず将来の日本の役に立つと考えた。

日本人がしたことすべてが悪だったなどという善悪二元論は、歴史の名に値しない。歴史は、個人や国家の行動が、道徳的に正義だったか罪悪だったかを判断する場ではない。現代の国家にとって良かったか悪かったかを判断する場でもない。歴史に道徳的価値判断を介入させてはいけない。歴史は法廷ではないのである。

ところが、古来、中国文明には、私たちが考えるような歴史はなかった。

中国に「春秋の筆法《しゅんじゅうひっぽう》」ということばがある。孔子《こうし》が紀元前四八〇年頃に編纂したことになっている『春秋』は、まだ中国が統一されるまえの列国で起こった、天災や戦争や会盟や君主の生涯などを、二百四十二年間にわたって編年体で述べた書物である。後世にこれを伝えた、『春秋三傳《しゅんじゅうさんでん》』と呼ばれる『左氏傳《さしでん》』『公羊傳《くようでん》』『穀梁傳《こくりょうでん》』は、『春秋』が伝えた種々の事蹟について、それぞれ解説をつけて、その善悪を厳しく批判した。それで、孔子がそういうふうに書いたわけではないのだけれど、「孔子が春秋を作ったので、乱臣《らんしん》や賊《ぞく》がこれを懼《おそ》れた」と孟子《もうし》がいい、「春秋の筆法」とは、誰が極悪人《ごくあくにん》か、それとも尊王《そんのう》かを、後世の人間が厳しく査定するという意味になった。善悪は自ずから歴史が証明するというが、これはまったくの結果論である。

　中国は、最初の歴史書である司馬遷《しばせん》著『史記』以来、天命によって現王朝が天下を統治する正統の権利を得たことを証明するために「正史」を編纂してきた。だから、中華人民共和国が正統の国家であることを証明するためには、いま現在その国土である満洲に、かつて日本人が建てた満洲帝国があったことを認めるわけにはいかないし、台湾にある中華民国の存在を認めるわけにもいかないのである。

　それは中国の政治的言い分であって、史実からはほど遠いのだが、中国文明の影響を受けた日本人のなかには、歴史と政治を同一視する人もいる。韓国人は日本人よりもさらに中国的な思想を持ち、負けたからには悪であると思うのである。

そのような「勝てば官軍」の考え方は本当の意味の歴史ではないし、現代中国や韓国の主張に対して私自身が言いたいことも種々あるけれども、本書はあくまで、誰が読んでもなるほどと思える歴史の流れを叙述することを心がけたので、物足りないと思わないでほしい。左翼の人たちにも、事実関係を確認するために読んでもらいたいと思うからである。

私の考えを少しだけ言うと、もし日本に非があるとすれば、日本人が大陸の文化や歴史をあまりに知らなかったために対処を誤ったことだと思う。今では戦前よりもさらに中国や朝鮮を知らない日本人ばかりになったので、今後ますます対応の失敗が増えるだろうと思うと空恐ろしい。それで本書では、日本列島と朝鮮半島と中国大陸の関係を、歴史のはじまりから述べた。そのため少し難しくなったことは反省している。

いずれこの倍くらいの分量で、もっとわかりやすい説明をつけた歴史を書きたいと思うが、とりあえず、何があったか、どうしてこういうことになったかだけは、日本人の共通理解になってほしいと考えるものである。

二〇一〇年十月一日

宮脇　淳子

世界史のなかの満洲帝国と日本◉目次

装幀／神長文夫＋柏田幸子

第一章

満洲とは何か

――もともと種族名だった満洲。地名になったのは日本がはじまり

「満洲」と「マンジュ」

「満洲」ということばの起源は、十七世紀はじめにさかのぼる。いまの中国東北地方は、当時の明王朝にとっては異郷の地で、万里の長城を北に越えると、異民族の住地であった。そこには、トゥングース系の言語を話す狩猟民族の、ジュシェンという種族が住んでいた。

このジュシェンという種族名を、契丹《きったん》（キタイ）族の建てた遼《りょう》、モンゴル族の元《げん》、ジュシェン族みずからが建国した金《きん》、さらに明《みん》王朝は、「女直《じょちょく》」と漢字でうつした。日本では「女真《じょしん》」と書くことが多いが、これは、宋《そう》と朝鮮の文献に出てくる漢字のうつし方である。多数決というわけではないけれども、自分たちをもふくめた中国王朝で「女直」とあるのだから、本書では、史料に忠実に「女直」と書くことにする。

さて、のちに清の太祖と諡《おくりな》されるジュシェンの一部族長ヌルハチは、一六一六年にジュシェン種族を統一して、「後金国《こうきん》」を建てた。「後金国」は、かれらのことばで「アマガ・アイシン・グルン」というが、これより前に、ヌルハチの勢力圏は「マンジュ・グルン」と呼ばれていた。「グルン」は国のことである。この「マンジュ」の音を漢字でうつしたことばが「満洲」である。

日本の東洋史学者による概説書はほとんどすべて、この「マンジュ」ということばの起源を、「文殊菩薩《もんじゅぼさつ》」の原語の「マンジュシュリ」であるとするが、これは誤りである。

第一に、かれら自身が「文殊菩薩」について言及するときには、必ず「マンジュシュリ」と書くのであって、「マンジュ」と省略することは決してない。日本人が「文殊」と省略してもわかるような習慣は、かれらにはない。

第二に、かれらが仏教徒になるよりずっと前に、すでに「マンジュ」という人名があったことが知られている。

第三に、一六四二年、チベットのダライ・ラマ五世は、清の太宗に「マンジュシュリ菩薩」の称号をあたえた、といわれているが、これより前の一六三五年に、太宗ホンタイジは、自分たちの種族名を正式に「マンジュ」としていた。

「マンジュシュリ」ということばを二つに分けて、前のほうの「マンジュ」だけをつかう根拠はないし、これらの関連を示す伝承もまったくない。ただ、のちにチベットのダライ・ラマ政権が、「マンジュというからには、清朝皇帝は文殊菩薩の化身《けしん》である」と宣伝したことから、俗説が生まれたのであろう。

「満洲」という民族名の誕生

一六二六年に後金国のハン・ヌルハチが死ぬと、八男のホンタイジがあとを継いだ。ホンタイジは、いまの内モンゴル東部を勢力下に入れ、熱河《ねっか》にまで進出した。モンゴルの宗主チャハル部のリンダン・ハーンは、ホンタイジと覇権を争ったが、東方で敗れたため、大軍を率いて西方に移動した。リンダン・ハーンは、一六三四年、チベット遠征に出発し、青海《せいかい》に入る途中、甘粛《かんしゅく》の武威《ぶい》の草原で、天然痘で死んでしまった。

リンダン・ハーンの遺児エジェイは、その翌年の一六三五年、母のスタイ太后《たいこう》とともにジュシェン軍に降伏して、「制誥之寶《せいこうしほう》」の四字を刻んだ、元朝ハーンの玉璽《ぎょくじ》をホンタイジに差し出した。このスタイ太后は、「海西《かいせい》女直」（満洲語で「フルン」）の出身で、後金国ハン・ホンタイジの従姉妹であった。

元朝ハーンの玉璽を手に入れたホンタイジは、かつてチンギス・ハーンの受けた天命が、いまや自分に移ったと解釈した。それで、同年、ジュシェンという種族名を禁止して、マンジュと呼ぶことをすべての人びとに命じたのである。ジュシェンということばは、「属民」という意味だったからである。

「ジュシェン（女直）」という種族名はこうして歴史から消え、「マンジュ（満洲）」が生まれた。「満洲」という漢字は、「マンジュ」という固有名詞の音訳であるから、「満州」と書くのは歴史的にみて正確ではない。「満州」と書くと、「満人の地」という意味になるが、そもそものことばに土地の意味はなく、種族の名前であった。となりの「沿海州」は、もともと「海に沿った地方」というロシア語からの翻訳であるから、両者ではことばの成り立ちが違うのである。

「満洲」はいつから地名になったのか

後金国ハン・ホンタイジは、自分たちの種族名をマンジュと決めた翌年の一六三六年、瀋陽《しんよう》でマンジュ人、ゴビ砂漠の南のモンゴル人、遼河《りょうが》デルタの高麗《こうらい》系漢人の代表たちの大会議を召集して、三つの種族の共通の皇帝に選挙され、新しい国号を「大清《だいしん》」とさだめた。「大清」は、モンゴル人の建てた王朝名「大元《だいげん》」と同じく、「天」を意味する。ホンタイジが、清の太宗文皇帝《ぶんこうてい》である。これが清朝の建国であった。

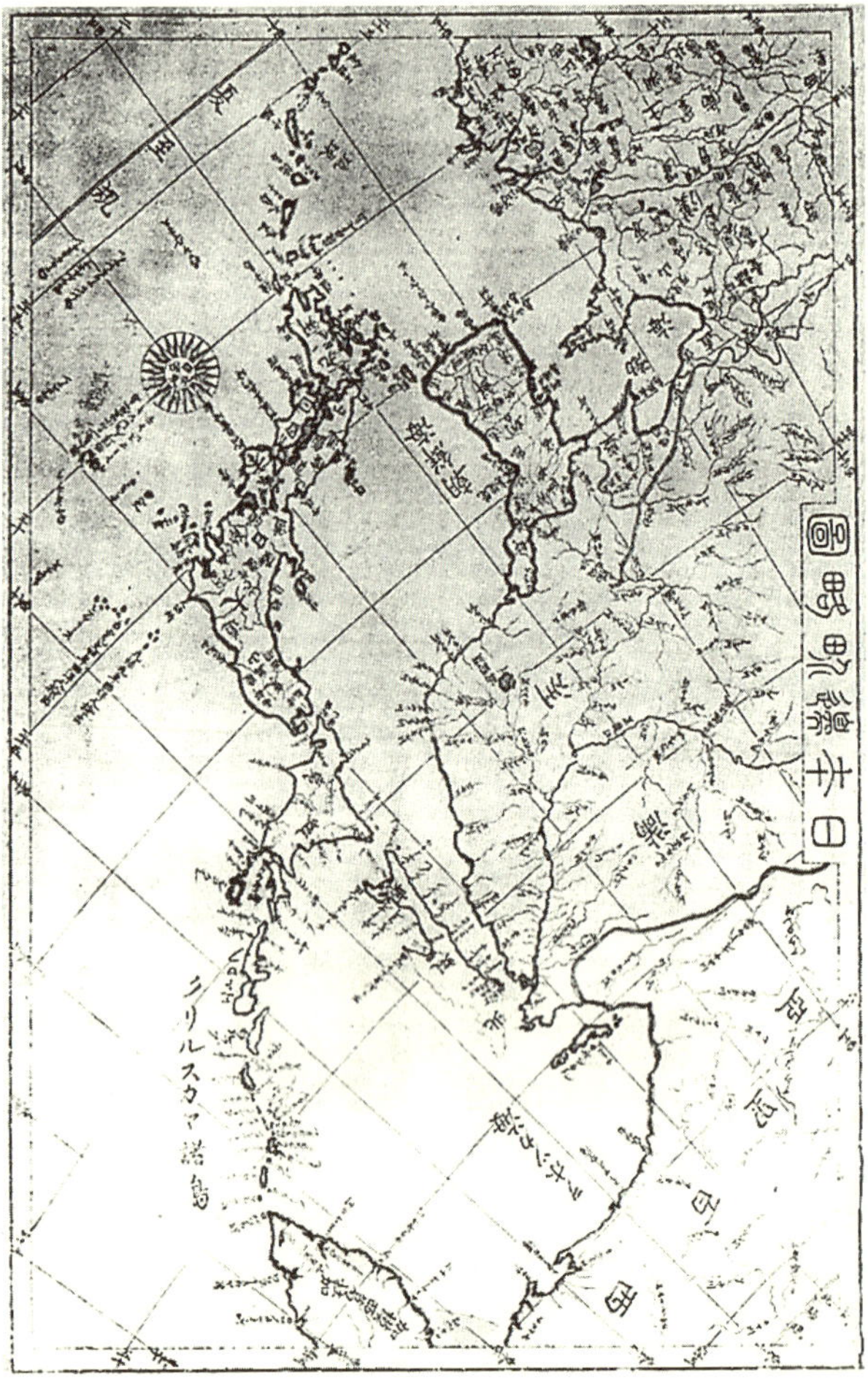

高橋景保が作成した「日本辺界略図」

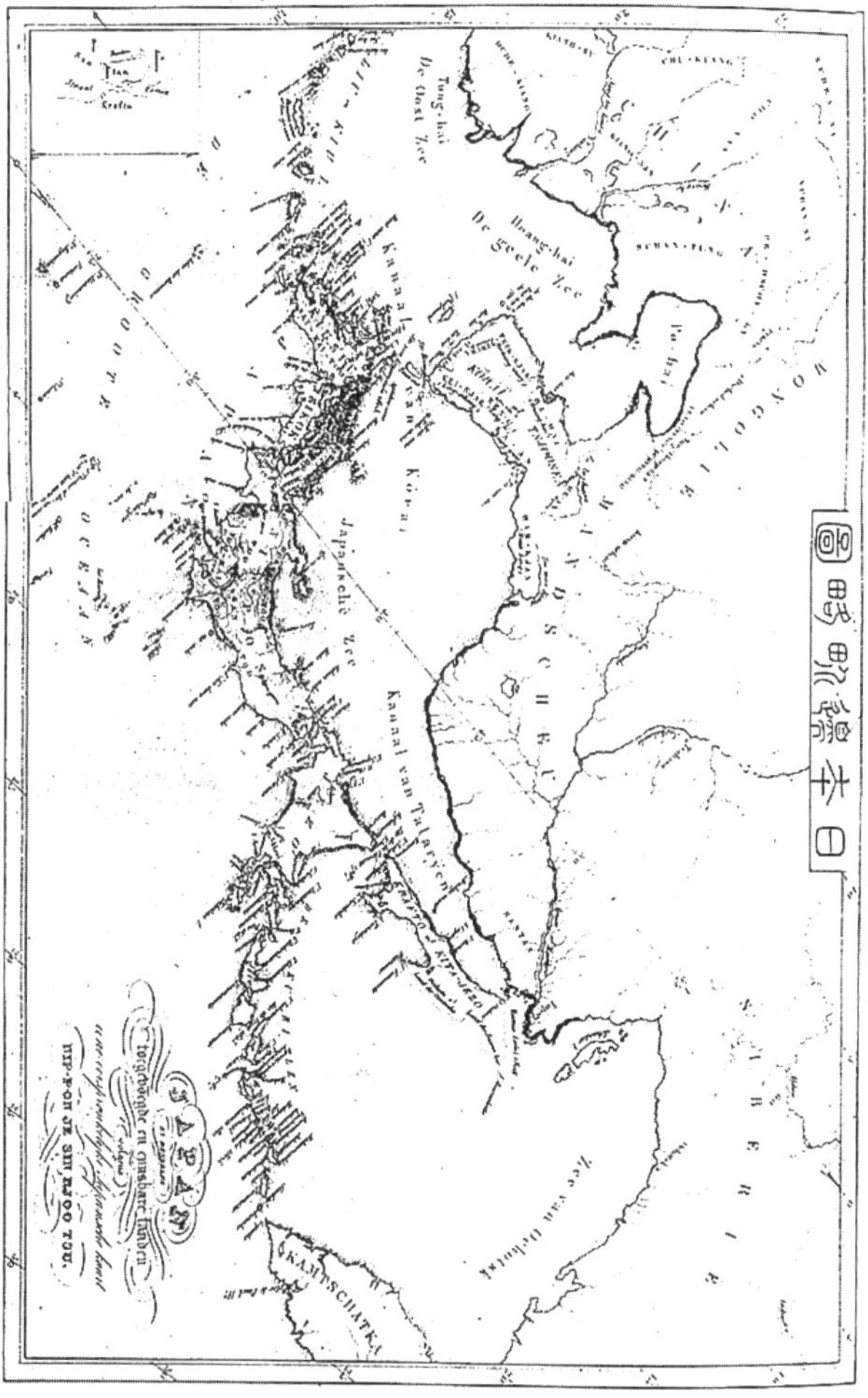

シーボルトが著書『ニッポン』に掲載した「日本辺界略図」

「満洲」は、このように、もともとは清朝を建てた女直人のことであった。いまのことばでいうなら、民族名であって、地名ではなかった。満洲語には、自分たちの故郷であり、のちに満洲帝国が建国される土地を指すことばはなかった。

満洲が地名になったのは、じつは日本がはじまりである。一八〇九年に高橋景保《かげやす》が作成した「日本辺界略図《にほんへんかいりやくず》」では、一六八九年にロシアと清朝の間で結ばれたネルチンスク条約による国境線がはっきり示され、アムール河（黒龍江《こくりゆうこう》）をはさんだ清朝領を「満洲」、「ヲホツカ海（オホーツク海）」の対岸を「西百里亞（シベリア）」と記している。

また、同じ高橋による一八一〇年の「新訂万国全図《しんていばんこくぜんず》」でも、アムール河のはるか北方に引かれたロシアとの国境線の下方に「満洲」という文字があるが、アムール河の北に「満」の字、いまの沿海州の地に「洲」の字が記されている。一方、万里の長城の南側は「漢土《かんど》」とあり、その北方には「蒙古《もうこ》」の文字がある。さらに、それらの文字よりやや大きな字で「支那」と記されているのは、すでに当時の日本で、中国大陸の地名として「支那（シナ）」が広まっていたことを示している。

この「日本辺界略図」が、シーボルトによってヨーロッパに持ち帰られ、『ニッポン』というかれの著書のなかで翻訳されて、一八三二年にオランダで刊行された。ところが、高橋景保の原図と翻訳された地図には、かなりの異同がみられる。シーボルトが翻訳して刊行した地図は、題名の「日本辺界略図」の文字は原図どおりで、海岸線や河川もひじょうに正確に写しているが、ロシアと清朝の国境線は記されていない。「蒙古」は「Mongolië（モンゴリア）」になっているが、「満洲」は「Mandscheu（マンチュウ）」という表記で、「マンチュリア」ではない。

ネルチンスク条約でさだめられた国境線が記されないだけでなく、「Mandscheu」の文字は、アムール河の南、いまの中国東北三省のあたりに書かれており、アムール河の北方にはおよんでいない。ただし、「Siberië（シベリア）」の文字は、高橋の原図とほぼ同じ位置に書かれている。また、高橋の原図で「漢土」とある万里の長城以南に、「China（シナ）」と記されている。

これより前、一七三五年にパリで刊行された、イエズス会士デュ・アルドの『シナ帝国全誌』では、清帝国の北部地域をだいたい「Tartares（タルタリ）」と呼んでいる。四十枚ほどつけられた地図のなかで一枚だけ、「Mantcheou（マンチュウ）」が出てくる地図がある。日本海北方を示したその地図には、いまの中ロ国境のハンカ湖の西方、黒龍江省と吉《きつ》林《りん》省の境あたりに、「中国を征服した満洲人の土地」という記載がある。しかし、ネルチンスク条約でさだめられた、ロシアと清の国境線までをふくむ領域という概念ではない。

そういうわけで、「満洲」が地名になったのは十九世紀はじめの日本が起源で、それから、ヨーロッパでも英語でいう「マンチュリア」という地名がつかわれるようになった。

ただし一八五八年、愛琿《アイグン》条約でロシアは黒龍江左岸を清から獲得し、一八六〇年の北京条約でいまの沿海州を奪った。それで、すでに日本とヨーロッパで地名となっていた「満洲＝マンチュリア」は、これからあとはロシア領が抜けて縮小し、もっぱら、いまの中国東北地方を指す呼び名となった。

一方、いまの中国東北地方の起源である清の東三省が置かれたのは、日露戦争後の一九〇七年で、このときはじめて、奉天《ほうてん》、吉林、黒龍江にそれぞれ巡撫《じゅんぶ》を設けて、中国内地と同様の省制を敷いた。歴史的にいうならば、「中国東北地方」という呼び方より、「満洲」という名前のほうがずっと古いのである。

第二章

満洲の地理と古代

――中国文明とは「漢字」と「都市」と「皇帝」

中国東北地方の地理

かつての満洲帝国の領土は、いまの中華人民共和国の領土のなかの東北三省、すなわち遼寧《りょうねい》省と吉林省と黒龍江省に、内蒙古《ないもうこ》自治区の東部と河北省の東北部を加えた部分にあたる。

それに対して十九世紀に「満洲」あるいは「マンチュリア」と呼ばれた地方は、満洲帝国の領土とはややずれて、だいたい、いまの中国の遼寧省、吉林省、黒龍江省の東半分から、ロシアの沿海州およびアムール河沿岸地域である。

それで、ここではまず、両方が重なる中国東北三省の地理を説明したあと、ロシアの沿海州とアムール沿岸地方、内蒙古自治区の東部、河北省東北部の順番に説明していこう。

現在の中国東北部は、黒龍江省（四十五万四千平方キロ）、吉林省（十八万七千平方キロ）、遼寧省（十四万六千平方キロ）の三つの省から成り、北と東をロシアに、南を朝鮮民主主義人民共和国（北朝鮮）に接している。

この地域のほぼ中央部を占めるのが、もと満洲平野といった東北平原で、南北一千キロメートル、東西四百キロメートル、面積は三十五万平方キロメートルあり、日本全土の面積に匹敵する大きさである。平原の西部には大興安嶺《だいこうあんれい》山脈が連なり、北部には小興安嶺《しょうこうあんれい》山脈が、東部には長白《ちょうはく》山脈が連なって、平原を囲んでいる。

大興安嶺山脈は、南北一千二百キロメートル、東西は二百から三百キロメートルあり、平均標高は一千から一千四百メートルである。小興安嶺山脈は、東西に四百キロメートルのびており、平均標高は六百から一千メートルである。長白山脈（北朝鮮では白頭山《はくとうざん》と呼ぶ）は、ロシアの沿海州と北朝鮮の国境をはしり、最高峰は二千七百四十四メートルである。

この地方の最大の河川は黒龍江（ロシアではアムール河）で、いまの中ロ国境に沿って、西から東に二千キロメートル流れ、支流の烏蘇里《ウスリー》江が南から流れ込むところで中ロ国境を離れて北上し、間宮海峡（韃靼《だったん》海峡）の北端のサハリン（樺太《からふと》）の対岸で、オホーツク海に注ぎ込む。全長は四千三百五十キロメートルである。

ウスリー江は全長八百九十七キロメートルであるが、ロシア沿海州のシホテ・アリン山脈に発し、北流して中ロ国境のハンカ湖を経て、いまの中ロ国境に沿って八百キロメートル流れて、黒龍江に注ぎ込む。

中国と北朝鮮の国境では、東は図們《トメン》江（豆満《とまん》江）が五百キロメートル流れて日本海に注ぎ込み、西は鴨緑江《おうりょくこう》が七百九十五キロメートルにわたって流れて、黄海に注ぎ込んでいる。

黒龍江の最大の支流は松花江《しょうかこう》で、全長一千八百四十キロメートル、流域面積は五十二万平方キロメートルある。東北地方第二の大河は遼河で、その源は内蒙古自治区に発し、東西二つの河源をあわせた全長は一千四百三十キロメートルあるが、そのうちの五百十二キロメートルは遼寧省を流れ、渤海《ぼっかい》湾に注ぎ込む。古来、交通の大動脈であった重要な河で、その東を遼東、西を遼西と呼ぶ。

中国東北地方の冬の気温はきわめて寒冷で、平均してマイナス一五度以下のところが多い。そのため黒龍江や松花江は、五、六カ月も結氷し、鴨緑江や遼河でも冬季三カ月間は氷で閉ざされる。夏季の平均気温は二〇度前後である。年降水量は平均五百～六百ミリで、それらのほとんどが夏の季節風によるもので、六、七、八月の三カ月間に年降水量の六〇パーセントが降る。

北部にある小興安嶺山脈の一部には温帯落葉広葉樹林帯が分布し、カエデ、トド、ニレ、カバなどの混合林がみられる。一方、大興安嶺山脈の麓にはじまる西部は、半乾燥の温帯草原地帯で、西方のモンゴル高原につながる大草原が拡がる。

中国東北地方の標高一千～二千五百メートルの山地・丘陵地帯には、チョウセンゴヨウマツ、カラマツ、エゾマツ、ヨーロッパアカマツなどの寒帯針葉樹が分布している。森林地帯には、シカ、テン、キツネをはじめとする多くの野生動物が棲息し、黒龍江流域の水産資源はきわめて豊富で、コイ、フナ、タナゴ、ケツギョ、ミゴイをはじめ、サケの仲間、イトウの仲間などの特産魚が捕れる。

ロシアの沿海州とアムール河沿岸の地理

一八五八年に清朝とロシアの間に結ばれた愛琿《アイグン》条約により、ロシアは、それまで清朝領であった黒龍江（アムール河）の北の六十万平方キロメートルの地域を獲得した。このとき、ウスリー江から下流の右岸は、清朝領であるが両国の共同管理とし、黒龍江、松花江、ウスリー江の航行権をロシアと清朝にのみ認めることが決められた。

ついで一八六〇年、英仏連合軍が北京にせまってくると、北京駐在のロシア公使が和議を斡旋《あっせん》し、その報酬を求めて北京条約が結ばれた。このとき、ウスリー江以東の沿海の地がロシア領となった。これがいまの沿海州である。

一八五八年より前には、黒龍江沿岸も沿海州も、「満洲」の一部とみなされていたので、ここではその地理も説明しておきたい。

ロシアの極東地区に相当するアジア大陸の北東部は、大部分が山地である。そのもっとも南に沿海州があり、縁沿いにサハリン（樺太）島が横たわる。沿海州の北に接するハバロフスク地方は、河口までのアムール河沿岸をふくんで南北に拡がる大きな行政単位であるが、西方の中ロ国境地帯はアムール州に属している。

この地域の最大の水系アムール河（黒龍江）は、ひじょうに古い時代から、内陸と太平洋岸を結ぶ重要な交通路であった。気候はモンスーン性で、一月の平均気温は、日本海沿岸のウラジヴォストークでマイナス一三度、アムール河中流のブラゴヴェシチェンスクでマイナス二四度である。七月の平均気温は、ウラジヴォストークで一九度、ハバロフスクで二一度である。

夏季には、南部は高温多湿で、降水は夏に限られている。年降水量は、アムール河中流で五百ミリ、沿海州で八百ミリで、かなりの量が降る。沿海州では、前一千年紀には雑穀農耕がはじめられた。この地域の土壌は、半湿地的な黒色土壌で肥沃《ひよく》度は高く、春播《ま》き作物に適している。一方、積雪のあるサハリン島では秋播き作物に適している。沿海州南部において、中国と共有する湖であるハンカ湖周辺では、米や大豆が生育し、ブドウも栽培されている。

一方、北部地域は夏でも冷涼である。そのため、サハリン島北部まで森林ツンドラ地帯が南下してきている。森林ツンドラ地帯の南は、カラマツ、トドマツ、モミという針葉樹林帯である。さらにその南、サハリン島のまんなかを横切る北緯五〇度線の南では、ナラ混合林帯となり、新石器時代にクルミやドングリなどを食糧とする、日本列島の縄文文化と類似した文化発展が認められた。

ロシア極東地域の沿岸は、漁業資源が豊富で、サケ、マス、タラ、ニシン、ヒラメといった魚類が生育し、またカニ類も重要な資源として利用されてきた。アムール河流域も、チョウザメ、イトウ、コイといった淡水魚が生育し、原始時代以来、人びとはこれらを利用して暮らしてきたのである。

内蒙古自治区の地理

かつての満洲帝国興安省は、だいたい、いまの中国内蒙古自治区東部に相当する。地図をみればわかるが、内蒙古自治区と東北三省の境界線は、大興安嶺山脈の東の裾野《すその》にある。

つまり、東北平原は満洲すなわちマンチュリアで、平原が終わり山脈がはじまるところからは、蒙古すなわちモンゴリアである。ここではモンゴル高原と呼ぼう。

南北一千二百キロメートル、東西二百〜三百キロメートルの大興安嶺山脈の平均標高は、一千〜一千四百メートルである。大興安嶺山脈を西に越えたところにある、かつてのモンゴル人民共和国、いまのモンゴル国の平均標高は一千五百八十メートルで、首都のウランバートルの標高は一千三百五十一メートルである。

つまり、大興安嶺山脈の東斜面は、いちおう山らしく傾斜があるが、山脈を越えると、その西方は、やや標高の低い内蒙古自治区のホロンブイル草原を除けば、山脈の頂上とあまり変わらない標高の高原が拡がっているのである。

大興安嶺山脈の東斜面からはじまるモンゴル高原は、年間降雨量が百ミリから四百ミリの乾燥した大陸性気候で、年間の気温差および一日の気温差がひじょうに大きい。モンゴル国の首都ウランバートルの平均気温は、七月一七度、一月マイナス二六度で、年間降水量二百三十三ミリの大部分が夏に降る。内蒙古自治区のシリーンホトの平均気温は、七月二一度、一月マイナス二〇度、年間平均気温が一・七度である。

降水量が少なく、天水農耕には不向きな土地なので、古くからモンゴル高原は、五畜と呼ばれるヒツジ、ヤギ、ウシ、ウマ、ラクダの家畜を放牧しながら、移動式住居の天幕で暮らす遊牧民の住地であった。このような内陸部の乾燥した草原は、モンゴル高原から西方にカザフスタン草原を経て、黒海北岸のウクライナからハンガリー平原までつづいている。最近になって中央ユーラシア草原と呼ぶようになったこの地帯は、歴史叙述がはじまって以来、長い間、遊牧騎馬民が活躍した舞台であった。

十七世紀、モンゴル人が清朝の満洲皇帝の家来になったあとも、モンゴル高原では伝統的な遊牧生活がつづけられた。しかし、十八世紀の雍正《ようせい》初（一七二三）年の大飢饉《ききん》のあと、まず錦州《きんしゅう》と熱河に近いモンゴル人の遊牧地に漢人の貧農が入植し、モンゴル王公に小作料を支払うようになった。この一帯が、いまの河北省北部である。十八世紀末からは、満洲に近い、遼河や松花江西方の草原に漢人農民が流入するようになった。詳細は、あとで話をしよう。

河北省東北部の地理

中国の特別行政区である首都の北京市と天津市をとりかこむ河北省は、北方で内蒙古自

東北アジアの地理

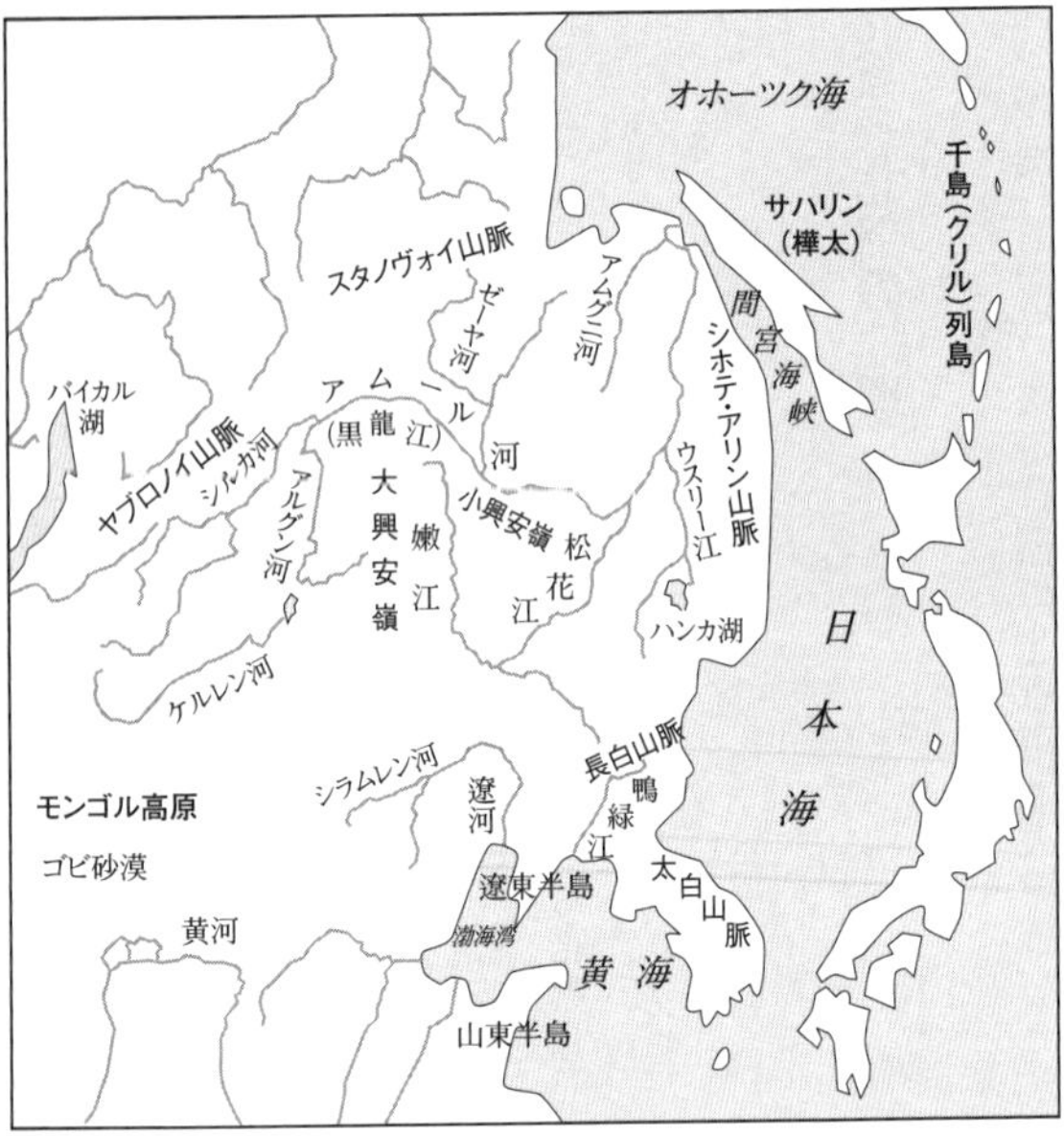

『民族の世界史３ 東北アジアの民族と歴史』（山川出版社）より作成

治区、東方で遼寧省と接している。河北省と遼寧省の境界の東端は、万里の長城が渤海湾《ぼっかいわん》で尽きる山海関《さんかいかん》である。山海関の東は、「満洲」が地名になる前は、中国では俗に「関東」といっていた。それで、満洲駐屯の日本軍が関東軍と呼ばれたのである。

　万里の長城は、長い中国の歴史において、つねに北方の遊牧民との境界線であった。いま残る長城はすべて、明代に修築されたり、新たに築かれたりしたものである。

満洲人の建てた清朝が一六四四年に山海関を越えて北京に入り、中国を支配するようになったあとも、万里の長城の北方はおおむねモンゴル人の放牧地であったが、北京に近いために満洲人が移り住み、清朝皇帝の直轄牧場も設けられた。

満洲国建国後の一九三三年初春、熱河作戦によって、関東軍は北京から東方の万里の長城以北を占領した。これが満洲帝国の熱河省である。かつての熱河省は、いまの河北省北部と内蒙古自治区の赤峰《せきほう》市に相当する。

いまの中国でも、遼寧省西部と河北省北部に、蒙古族自治県と満族自治県がひじょうに多くみられるのは、もともとこの地が、モンゴル高原の東端であったという歴史に由来している。

中国文明の発生

これから満洲の歴史を語る前に、「中国」について、先に説明しておく必要があるだろう。満洲だけでなく日本にとっても、古くは、あらゆる出来事が中国との関係で生じた。

漢字をコミュニケーションの手段とする中国文明は、黄河《こうが》中流の洛陽《らくよう》盆地に発生した。

黄河の渓谷に都市文明が誕生したのは、この地方の生産力が高かったからではなく、むしろ黄河が交通の障碍《しょうがい》だったからである。

いまの中国青海省の高原に源を発する黄河は、高い山を迂回《うかい》しながら東に流れ、西に流れを変え、さらに東北に方向を転じる。甘粛省の南部を横断し、寧夏《ねいか》回族自治区でモンゴル高原に出て北流するが、やがて内蒙古自治区の陰山《いんざん》山脈にさえぎられて、その南麓を東方に流れる。古くは黄河は、このまま東に流れ、いまの北京市を通って渤海湾に注いでいたのだが、地殻変動で太行《たいこう》山脈が隆起したために、急流となって南下するようになった。山西《さんせい》省と陝西《せんせい》省の高原をわけて南下する黄河は、秦嶺《しんれい》山脈の北麓に衝突し、ここで渭河《いが》が流れ込んで、ふたたび東方に向かう。このあたりまでの黄河は、長年にわたって黄土《こうど》高原を削りつづけたので、山西省と陝西省の境の両岸は断崖絶壁となり、ところによっては百七十メートルも垂直にそそり立っている。

ところが、黄河が洛陽盆地の北を過ぎるころになると両岸は低くなり、渡河に適するようになる。しばらくして開封《かいほう》市の北を過ぎると、一望の大平原に出る。すると、黄河の流速は急激に落ちて多量の土砂が河底に沈澱《ちんでん》する。河底が高くなると氾濫《はんらん》を起こしやすくなるうえ、この一帯は海抜が低いために地下水は塩分を多くふくんで、人間の生存に適さない。治水工事がされる前の古代には、平原にほとんど聚落《しゅうらく》はなかった。

つまり、洛陽盆地より西では、黄河はその両岸の険しさと急流とで交通の障碍になるし、洛陽盆地の東方では、ひんぱんな氾濫と水路の変化によって、やはり交通の障碍になる。ただ、洛陽から開封にいたる二百キロメートルの間だけは、流速はゆるく、両岸は低く、水路は安定していて、渡河が容易であった。

洛陽盆地に黄河文明が発生したのは、この一帯でだけ黄河を渡ることができた、という理由からである。黄河の北側は、東北アジア、北アジア、中央アジアへ通じる陸上交通路が集まり、南側は、東シナ海、南シナ海、インド洋への水上交通路が、ここからはじまった。かつて中国の交通を「南船北馬」といったのは、このためである。すなわち、洛陽盆地は、異なった生活文化をもつ人びとが接触する、ユーラシア大陸の十字路だったのである。

中国人とはだれか①――漢字の特性

つぎに、黄河文明を担った中国人は、どこから来たのか、という話をしよう。

中国の古い文献では、洛陽盆地を中心とする「中華」をとりまいて、「東夷《とうい》」「西戎《せいじゅう》」「南蛮《なんばん》」「北狄《ほくてき》」、略して「四夷《しい》」がいたと伝えている。「夷狄《いてき》」や「蛮夷《ばんい》」も同じ意味である。「夷」は「低・底」と同音で低地人の意味であり、洛陽盆地から東方の黄河・淮河《わいが》の下流域のデルタ地帯に住み、農耕と漁撈《ぎょろう》を生業《なりわい》とした人びとを指した。「戎」は「絨《じゅう》」と同じく羊毛の意味で、洛陽盆地から西方の陝西省・甘粛省南部の草原の遊牧民のことである。「狄」は、貿易・交易の「易《えき》」、穀物購入の「糴《てき》」と同音で行商人の意味であるが、洛陽盆地の北方、当時はまだ森林におおわれていた山西高原の狩猟民のことであった。「蛮」は、かれらのことばで人の意味で、洛陽盆地から南方の河南西部・陝西南部・四川東部山地の焼畑農耕民のことである。

これらの異なった生活形態をもつ人びとが接触したのが、洛陽盆地の近辺であった。表意文字である漢字は、違う言語を話していた人びとの交易のための共通語として発展した。漢文の古典には、文法上の名詞や動詞の区別はなく、接頭辞や接尾辞もなく、時称もない。どんな順番で並べてもいい。発音は二の次で、目でみて理解するための通信手段である。これはマーケット・ランゲージの特徴である。

漢字をつかえば交易のネットワークに参加することができ、遠隔地とも通信ができる。そういうわけで、出身に関係なく、漢字をつかう集団が洛陽盆地のあちこちに生まれた。はじめは字体や読み方は各集団によって異なっていたが、紀元前二二一年の秦の始皇帝の統一以後、漢字一字の読み方は一つだけに決められ、それも一音節が原則となった。

そうはいっても、出身によって発音のくせは残るし、一音節の発音を耳で聞いても意味はわからない。漢字はずっと書いて読むコミュニケーション手段であった。中国に、二十世紀まで話しことばとしての共通語が生まれなかったのは、このためである。

漢字のこの特徴が中国文明の本質の一つとなった。つまり、日常の話しことばとどんなにかけ離れていても、漢字を学べば中国人とみなされる。中国人とは文化上の観念であって、人種としては「蛮」「夷」「戎」「狄」の子孫である。

たくさんの漢字を学んで、これをつかいこなすことができるには、かなりの知能指数を必要とする。教育には金も暇もかかるので、だれでもできるわけではない。だから中国では、いつの時代でも、漢字を知っている一握りのエリートだけが「読書人」と呼ばれて、ほんとうの中国人であった。中国の領域で暮らしていても、漢字を知らない労働者階級は実際には「夷狄」あつかいを受けてきたのである。

中国人とはだれか②――都市に住む者

中国文明の本質の二番目は、都市に住む人間が中国人であるということである。中国の都市は、すべて城壁で囲まれているのがふつうである。北京市の城壁は取り壊されてしまったが、いまでも地方の県城や鎮には城壁が遺《のこ》っている。中国においては、いかなる種族の出身者でも、都市に住みついて市民の戸籍に名を登録し、市民の義務である夫《ふ》役《えき》と兵役に服せば、その人は中国人とみなされた。つまり、城内に住んだのは役人と兵士と商工業者で、かれらが中国人になったのである。

中国の城郭都市の基本的な形は、四面が東西南北に面した正方形で、四面それぞれに門を開く。正門は南門で、すべての門には丈夫な扉がついており、日没とともに閉じ、日の出とともに開く。城壁は「中国」を外側の「四夷」の世界から区別する、もっとも重要な境界だった。

黄河の渓谷に成立した古代都市は、市場《いちば》を原型としている。紀元前一世紀の文献『周《しゅ》礼《らい》』の「考工記《こうこうき》」は、さらに古い時代のこととして、首都の城壁で囲まれた内側の中央にある王宮について「左祖《さそ》、右社《うしゃ》、前朝《ぜんちょう》、後市《こうし》」と表現している。中国では南を前とするから、王宮の南に「朝廷」、北に「市場」があり、王宮の南の正門の東に「祖」、西に「社」があったということである。

「朝」と「市」は古くは同音で、交易の「易」も同音であった。「祖」はのちには皇帝の先祖を祀《まつ》る「大廟《たいびょう》」、「社」は穀物の神を祀る「社稷《しゃしょく》」に進化したが、祖も社も、本来はともに男根の形をした柱で、宮門の外の悪霊の侵入を防ぐために左右に立っていた。

朝礼はもともと日の昇る前におこなわれるものであった。群臣が位階にしたがって朝廷に並ぶ前に、神々に犠牲を捧げ終わった皇帝が正殿に出御《しゅつぎょ》し、群臣は号令にしたがって、いっせいに皇帝に拝礼をする。それが終わって群臣が犠牲の肉を分けてもらって朝廷を退出するころ、夜が明けて日が昇り、それとともに王宮の北側の市場が開いて取引がはじまる。

市場に入るさいには、手数料として商品の十分の一を脱《ぬ》きとられたが、これが「税」の起こりで、手数料が市場の柱に捧げられたところから、「祖」から「租」の語が発生した。

古代中国の王は、もともと市場の組合長から発展したものである。洛陽盆地をめぐって興亡をくりかえした「蛮」「夷」「戎」「狄」出身の諸国は、首都から北へ南へと貿易路をのばし、要所要所に新しい都市を建設して移民団を送り込んだ。これが「封建」であって、「封」は「方」「邦」と同音同義で、方面、地方の意味である。封建された植民都市はいわば支社であって、はるか遠方に拡がった交易のネットワークが効率よく機能して業績をあげるために、首都の王たちは「巡狩《じゅんしゅ》」といって、ひんぱんに現地をたずねた。支社である植民都市のほうは「朝貢《ちょうこう》」をおこなって、首都の朝礼に出席し贈り物をした。

古くは「邑《ゆう》」、のちには「県」(「懸」と同音で、首都に直結するという意味)と呼ばれた地方都市には、首都から派遣された軍隊が駐屯して、首都からやってきた商人と周辺地域の夷狄の間の交易活動を保護する。首都から遠くて監督の行き届かない邑に対しては、数十の邑をまとめて監督する軍司令官が派遣された。これが「諸侯」で、その地位は世襲であった。世襲でなくて任命になると、これが「郡県」である。「郡」は「軍」と同音で常設の駐屯軍を意味する。

県城には現物で納入される租税を収納する倉庫があり、これを「県官」といった。「官」は「館」と同音で衣食を公給されることを意味する。「館」を「管理」する者が「官吏」である。つまり中国の官吏は、市場に付設された収納庫の番人から発展してきたものであった。

中国人とはだれか③——中華と夷狄

中国文明の本質の三番目は、皇帝である。

黄河の渓谷から四方へ拡がる商業都市のネットワークとして誕生した中国は、その後もずっと、皇帝を頂点とする一大商業組織であり、その経営下の商業都市群の営業する範囲が「中国」だった。

中国の皇帝の本来の商業的性格を示すものとして、後世にいたるまで中国各地の税関の収入は原則として皇帝の私的収入であり、宦官《かんがん》が派遣されてこれを監督したことがあげられる。また皇帝は、絹織物や高級陶磁器などの生産を直営し、金融業を経営して利益をあげていた。

中国における官僚も市場の役員の性格を保存していて、その地位を利用して口利き料を取るのは当然の権利とされていた。賄賂《わいろ》も、あまり程度がひどくないかぎり合法である。直接に税金徴収の責任を負う地方官は原則として無給で、一定の責任額を中央に送金したあとの残りは合法的に自由にできる。公金も私金もふやすことができるのが有能な地方官であった。中国文明のこのような性格は、多くの日本人が渡った二十世紀はじめの満洲や中国にも生き残っていたし、共産主義を放棄した現代中国ではふたたび表面化している。

さて、古い時代には夷狄の住地であった地方の都市と都市の間は、城郭都市の商業網の網の目が密になるにつれて、ますます多くの夷狄が都市の名簿に登録して中国人となり、秦の始皇帝の統一までには、華北・華中の平野部では、夷狄はことごとく中国化して姿を消した。中国人は、農民でも原則として城壁に囲まれた町に住み、夜明けとともに町から出て耕作をおこない、日暮れとともに町に帰ったのである。

こうして中華世界が拡大すると、その外側の「夷狄」の範囲も拡がっていった。はじめは、黄河・淮河《わいが》の下流域に住む漁撈《ぎょろう》民が「東夷」であったのが、遼河の東方と朝鮮半島および日本列島の住民が、新たに東夷と呼ばれるようになる。山西高原の狩猟民のことであった「北狄」は、モンゴル高原の遊牧騎馬民を指すようになっていった。

このような商業ネットワークで統合されている「中国」は、当然のことながら民族国家ではなく、そこに中国人という人種は存在しなかった。首都から遠く離れた植民都市の住人には現地採用の市民がふえたが、都市の戸籍に名を登録し、夫役と兵役に服せば、かれらは中国人とみなされた。

朝鮮半島や日本列島にも中国化の波が押し寄せてきたのだが、やがて本土で政治上の大変動が起こったために、ついに中国人になりきれないまま終わったのが、われわれ日本民族と朝鮮（韓）民族なのである。この点において、中国の首都から同じくらいの距離にある満洲と日本の歴史の、どこまでが共通で何が違っていたのか、私にはひじょうに興味がある。

古代日本もそうだが、満洲についても、古い記録は漢字だけである。しかし漢字で書かれた文献があるから、その地方が古くから「中国」であったとするのは、十八世紀末に誕生した「国民国家」の概念を過去にそのまま投影しようとする、政治的なもくろみである。

ではなぜ、首都から遠いところについても漢字による記録があるかというと、先に述べたように、辺境の植民都市は、ネットワークの中心である首都の朝礼にひんぱんに出席し、皇帝に贈り物をしたが、そのさい、植民都市の中国人がお膳立てをして、現地の代表に使者を派遣させて、皇帝へ朝貢をおこなわせたからである。遠方からの使者が朝礼に参加することは、皇帝の威信に大いに役立ったので、使者の旅費はすべて中国側が負担した。こうして辺境の情報が記録に残ったのである。

満洲の先住民

日本人は歴史を好む民族である。日本人が大挙して満洲に住むようになると、その地の歴史研究が盛んになった。日本の優秀な学者たちが、競って考古学調査や現地調査をおこない、満洲の通史が書かれるようになった。それまで中国史では、東北方の歴史が通して書かれることはなかったので、日本における学問の蓄積を利用するため、いまでも、満洲学を専攻する世界中の学者にとって、日本語の学習は必須となっている。

もっとも古く漢文史料にあらわれる満洲の先住民は、紀元前六～五世紀、春秋時代の文献『国語』の「魯語《ろご》」に登場する「粛慎《しゅくしん》（息慎《そくしん》、稷慎《しょくしん》）」である。かれらは、楛矢《こし》（木の矢）と石砮《せきど》（石の鏃《やじり》）を使用したと伝えられるが、それ以上のことはわからない。

つぎに漢文史料にあらわれる先住民は「貊《ばく》（貉）」で、もともと熱河方面にいたのが、南方から農民、西方から遊牧民の圧迫を受け、東方へ移った。かれらは森林の民で、狩猟・牧畜を生業とし、原始的な農耕も営んだ。

のちの漢代の文献によると、「穢貊《わいばく》」が満洲から朝鮮東北部に分布していたという。穢と貊が同種のものであるという説と、穢は水辺居住者で漁撈をおこない、貊に圧迫されて日本海沿岸や黒龍江、松花江下流に居住するようになったという二説がある。紀元前一世紀末に、遼寧省東辺の山中、鴨緑江支流の佟佳江《とうかこう》に興《おこ》った「高句麗《こうくり》」は、この貊人《ばくじん》であるという。

ところで、日本列島に「邪馬台国《やばだいこく》の女王卑弥呼《ひみこ》」がいたと伝える、有名な『魏志倭人伝《ぎしわじんでん》』だが、実際にはこういう名前の書物はない。『三国志』の『魏書』の最後の巻である「烏丸《うがん》・鮮卑《せんぴ》・東夷伝」の、さらにいちばん最後に書かれている「倭人」についての記事を取り出して、日本でこう呼んでいるだけである。

この「東夷伝」の倭人の記事の前に、満洲の先住民である「夫餘《ふよ》」と「挹婁《ゆうろう》」についての記事がある。ここで、その内容を紹介しよう。

「夫餘は長城の北におり、玄菟《げんと》郡から一千里の距離にあって、南は高句麗と、東は挹婁と、西は鮮卑と接し、北には弱水《じゃくすい》があって、その距離はほぼ二千里、戸数は八万。その民は定住していて、宮室・倉庫・牢獄などの建築物をもつ。山や丘が多く、湿地が拡がって、東夷の地域のうちではもっともひろびろとしている。土地は五穀（麻・黍《きび》・稗《ひえ》・麦・豆）を植えるのに適しているが、五果（桃・李《すもも》・杏・栗・棗《なつめ》）は成長しない。そこの人びとは大柄で、勇猛であるとともに、慎み深く誠実な性格で、他国への侵入掠奪はおこなわない。着物は白色のものが上服とされる。刑罰はきびしく、人を殺した者は死刑に処せられ、その家族は没収されて奴婢《ぬひ》となる。男女が密通したり、女性が嫉妬深かったりしたときには、みな死刑に処する。兄が死ねば弟が嫂《あによめ》を妻にするというのは、匈奴《きょうど》（モンゴル高原の遊牧騎馬民）の風習と同じである。その国の者は家畜を飼うのに巧みで、名馬・赤玉・貂《てん》と狖《ゆう》（黒色の猿）・美珠（真珠）を産出する。

その国の老人たちは、自分たちは古《いにしえ》の中国からの逃亡者だといっている。城や柵はみな円形につくる。葬送の礼は鄭重《ていちょう》で、槨《かく》（墓室）はあるが棺はない」

「挹婁は夫餘の東北一千余里のところにいる。大海に面し、南は北沃沮《よくそ》と境を接し、北はどこまでおよぶのかわからない。その土地は険しく山地が多い。人びとの形貌は夫餘に似ているが、言語は夫餘や句麗《くり》と違っている。五穀や牛・馬・麻布などを産する。人びとは多く勇敢で力がある。大君長はなく、邑落《ゆうらく》ごとに大人《たいじん》がいる。山林の間に居住し、いつも穴居《けっきょ》して、その穴の深さは大きな家では九梯《きゅうてい》（はしご九段）にもなり、その梯数が多いほど立派だとされる。土地の気候は寒冷で、夫餘よりもきびしい。その地の人びとは盛んに豬《ぶた》を飼い、その肉を食糧とし、その皮を着物とする。冬には豬の膏《あぶら》を身体に数分の厚さに塗って、風や寒さを防ぐ。夏には裸で、わずかばかりの布で前後を隠し、身体をおおう。人びとは不潔で、中央に溷《こん》（便所兼豬小屋）をつくり、人はその外側をとりまくようにして住む。……古の粛慎氏の国なのである。弓に巧みで、人を射るときにはみな目を射当てる。矢には毒が塗られていて、人がそれに当たればみな死ぬ。赤玉と良質の貂を産出する。その国の者たちは、巧みに船に乗り侵入強盗をはたらいて、隣国を悩ませている」

勿吉と靺鞨

先に述べた、粛慎も穢貊も夫餘も挹婁も、その後どうなったかはわからないのであるが、いまから述べる、勿吉《もっきつ》と靺鞨《まっかつ》は、後世の女直、満洲人の祖先である。

大興安嶺地方の遊牧民出身の鮮卑が南下して建てた北魏の『魏書』に勿吉伝がある。鮮卑は、三国時代にはまだ夷狄の種族であったが、五世紀には洛陽盆地の主導権を握って漢字を使用するようになったので、中国王朝の一つとみなされる。南北朝の北朝である。

この北魏に、はじめて勿吉の使者が朝貢にやってきた。勿吉は、松花江下流、黒龍江下流、沿海州地方にいた種族で、「東夷のなかで最強」といわれた。集落にそれぞれ長はいたが、統括する者はなかった。その習俗は、つぎのように記される。

「勿吉国は、洛陽を去ること五千里のところにある。その国には大河があり、広さが三里あまりで、速末水《そくまつすい》（松花江）という名である。その土地は卑湿《ひしつ》で、城を築いて穴居《けっきょ》する。家の形は塚に似ており、入口を上に開きはしごで出入りする。その国には牛がなく、車、馬がある。農耕はすきで耕し、車は歩いて押す。粟《あわ》および麦、穄《うるきび》（黍の一種）があり、野菜には葵《あおい》（せりの類）がある。水は塩辛く、凝固して塩が樹上にできる。塩池もある。豚が多く羊がない。米をかんで酒を醸《かも》し、酒を飲んでよく酔う。婦人は布を着、男は豚や犬の皮を着る。結婚のはじめの夕に、男は女の家に行って女の乳房をつかみ、これで夫婦となる。人尿で手や顔を洗い、頭に虎や豹の尾を挿《さ》す。狩猟が上手で、石で鏃《やじり》をつくる。父母が春か夏に死ねば、たちどころに屍《しかばね》を埋め、塚の上に屋根をつくり、雨に濡《ぬ》れさせないが、もし秋か冬であればその屍によって貂《てん》を捕る。貂がその肉を食べるので、貂をたくさん捕ることができる。つねに七、八月に毒薬をつくり、鏃につけて禽獣《きんじゅう》を射る。命中すればすぐに死ぬ。薬を煮る毒気でもよく人を殺す。この国の南に徒太山《とたいざん》（長白山）があり、虎、豹、羆《ひぐま》、狼がいて、人に危害をあたえる。人は山上で小便して汚《けが》してはならない。山に行く者はみな器物に汚物《おぶつ》を入れて帰る」

六世紀半ばになると勿吉が分裂し、これからあと遺民は靺鞨と書かれる。原語は同じだったと思われるが、区別するために漢字表記を変えたのである。

靺鞨は七大部に分かれ、南は吉林地方、北は黒龍江下流、東は日本海、西は嫩江《のんこう》流域に分布した。靺鞨七部のなかでも、もっとも南部に住む粟末《ぞくまつ》靺鞨は、粟・麦・くろきびなどを播《ま》く素朴な農業をおこない、豚や馬を飼った。北に住む黒水《こくすい》靺鞨（「黒水」は、澄んだ黒龍江が濁った松花江に合流すると、しばらくその水が黒色にみえるところから起こった名前で、中下流域の黒龍江のこと）は、気候が寒冷なため農業を営めず、狩猟を生業とし、穴を掘って居住し、毒矢で獣《けもの》を射る生活をした。

七世紀末に渤海国が建国されると、靺鞨はほとんどその支配下に入り、黒水靺鞨だけが渤海の支配を受けずに、これと抗争した。このあとの歴史は、次章で説明しよう。

第三章

東アジアの民族興亡史

——日本人と朝鮮人は、中国から同時に独立した〝双子の関係〟

「中国」は二千二百年

第二章で説明したように、黄河中流の洛陽盆地に誕生した都市文明は、交易路に沿って植民都市をつくり、漢字をつかった商業ネットワークを周辺地域に拡大していった。

ところで、紀元前二二一年に秦の始皇帝が統一する前には、「中国」と呼べるような国家はなかった。そもそも「中国」ということばの本来の意味は、まんなかの「みやこ」すなわち首都のことで、このことばが現在のような国家の意味につかわれるようになったのは、十九世紀末から二十世紀はじめのことである。

英語の「チャイナ（China）」や、日本でかつてつかっていた「支那（シナ）」の語源は、「秦」という王朝名であって、始皇帝が、文字どおりはじめての皇帝である。だから、中国の歴史は厳密にいえば二千二百年あまりで、「中国五千年」は政治的な主張にすぎない。

中国文明の原型である、漢字によるコミュニケーションと商業ネットワークは、むろん、始皇帝より前に誕生していた。皇帝の誕生がいちばんあとになったのである。正確にいえば、秦の始皇帝以後も「中国」という国家や「中国人」という民族はなかったのであるが、このあとの説明には、便宜上これらのことばを用いることにする。

さて本書の目的は、二十世紀はじめになって、どうして日本人が大挙して満洲に出ていくことになったかの歴史的背景を、一般の日本人にわかりやすく説明することにある。そのためには、日本と大陸の関係を歴史をさかのぼって知っておかなければならない。迂遠《うえん》なようにみえるけれども、満洲の歴史を語る前に、朝鮮半島をはさんだ中国と日本列島の関係を説明しておきたい。

朝鮮半島と日本列島

中国がまだ統一される前、都市国家から発展した諸国が各地で覇権を争っていた時代の紀元前三三四年、「燕《えん》は東に朝鮮、遼東がある」と司馬遷《しばせん》著『史記《しき》』は記した。つまり、戦国七雄の一つで、いまの北京を中心とした燕国が、遼河下流域から朝鮮半島北部までを、このとき独占的商業圏に入れたのである。

これより百年ほどあとの前三世紀、全盛時代の燕国は朝鮮半島の大同江《だいどうこう》から漢江《かんこう》にかけての先住民「朝鮮」と、洛東江《らくとうこう》渓谷の先住民「真番《しんばん》」を支配下に入れ、要地には砦《とりで》を築いて官吏を駐在させ、商人の権益を保護していた。日本列島で弥生時代がはじまったのはこのころである。当時から日本列島は人口が多く、砂金・銀・銅の鉱産物が豊富であった。文献はないが、交易がはじまっていたことは間違いない。

秦の始皇帝は、燕国をほろぼし中国を統一したあと天下を三十六郡に分けた。『史記』「朝鮮列伝」によると、朝鮮と真番は「遼東の外徼《がいきょう》に属した」。つまり、朝鮮半島は三十六郡の一つの遼東郡の、直接統治ではなく保護下にあった。

始皇帝が死ぬと、秦にほろぼされた諸国が復活し、燕国も復活した。やがて漢の高祖劉《りゅう》邦《ほう》が皇帝になると、燕国を攻めて、自分の同郷人を燕王に立てた。漢代のはじめは、まだ中国本土が混乱していて遠方の朝鮮半島までは手がまわらなかったので、その中南部から官吏を引き揚げた。前一九五年には燕王が高祖に討伐され、燕国は北京の周辺だけに縮小された。

このとき燕人の満（衛満《えいまん》）が、一千余人の仲間とともに先住民の服装をして朝鮮に亡命し、真番、朝鮮の先住民と、燕や斉《せい》（山東）からの亡命者を従えて王となり、王険《おうけん》（平壌）に都を置いた。これが朝鮮半島におけるはじめての政権「朝鮮王国」である。

漢にはこれを討伐する力がなかったため、遼東太守《たいしゅ》は満と契約を結んで外臣《がいしん》とし、皇帝の許可を得た。つまり漢と同盟を結んだ満は、漢人商人と先住民の貿易を保護する責任を負ったのである。こうして、朝鮮王国が中国との交易を独占するようになった。

王国といっても半島を統一したわけではなく、王は漢の直轄地となった遼東郡からすぐの平壌に住み、中国との交易をとりしきる市場の組合長から発展した首長であった。

さて漢も最盛期の武帝の時代になると、四方の貿易路をすべて手中におさめようと、盛んに対外戦争をおこなった。前一〇八年、武帝は朝鮮王国をほろぼし、楽浪《らくろう》郡、臨屯《りんとん》郡、玄菟《げんと》郡、真番郡の四郡を置いた。朝鮮半島を直轄地としたのである。

こうして朝鮮半島には多くの都市が建設され、中国人が入植し、先住民も中国化した。日本列島にも交易のために中国商人がやってきた。日本列島の先住民が、これに刺激されて都市をつくるようになったことが、『漢書』「地理志」の記事「楽浪の海中に倭人《わじん》あり。分かれて百余国となる。歳時をもって来たりて献見す」でわかるのである。

武帝の治世は五十四年つづいたが、前八七年に武帝が亡くなったときには、連年の征服戦争と重税と食糧不足で人口は半減し、国力は底をついていた。漢は前八二年、遠方の真番郡と臨屯郡の二郡を廃止した。日本列島との貿易は、これからあと、小白《しょうはく》山脈の北の楽浪郡の管轄に移る。「百余国の倭人の諸国が来たりて献見」したのは、この楽浪郡に、百いくつかの倭人の組織が、貿易特権を認めてもらうために表敬訪問したことをいう。

このあとまもなく漢は外戚《がいせき》の王莽《おうもう》にほろぼされ、後漢《ごかん》の光武帝《こうぶてい》が中国を再統一するまでに、中国の人口は四分の一に減少した。人手が足りなくなったので、遠方の植民都市から中国人は引き揚げ、中国化した先住民が、代わりに位階をあたえられて中国の外臣になった。朝鮮半島南部の真番郡の故地では、韓人の一酋長《しゅうちょう》が後漢から「邑君《ゆうくん》」という称号を授かり、中国との貿易を保護する代わりに、中国から特権をあたえられるようになる。これが「韓」という種族が歴史に顔を出す最初である。

一方、日本列島でも、五七年に「倭奴国《わのなこく》が貢《こう》を奉じて朝賀し、使人はみずから大夫《たいふ》と称した。光武帝は賜うに印綬《いんじゅ》をもってした」と記録され、福岡の志賀島《しかのしま》で「漢委奴国王《かんいどこくおう》」と刻まれた金印が発見された。この国王とは、博多の一酋長が、漢から日本列島の倭人の貿易の管理事務を委託されたものであって、いまのことばでいうならば、中国名誉総領事の役割を担ったのである。

高句麗の反撃

いま中国と韓国の間で、その帰属をめぐって歴史問題に発展している「高句麗」は、朝鮮半島と満洲にまたがった国家であった。

高句麗人は、南満洲で半農半牧の生活をしていた貊人《ばくじん》の一種である。朝鮮半島と同じく、武帝の死後、漢王朝の対外的圧力が弱まると、いまの遼寧省東辺の山中、鴨緑江支流の佟《とう》佳江《かこう》流域で王国となった。前述した「邪馬台国の女王卑弥呼」の記事がある『三国志』の『魏書』「烏丸《うがん》・鮮卑《せんぴ》・東夷伝」では、高句麗についてつぎのように伝えている。

「高句麗は、遼東郡の東一千里のところにあって、南は朝鮮・穢貊《わいばく》と、東は沃沮《よくそ》と、北は夫餘《ふよ》と境を接している。丸都山《がんとざん》の麓に都を置き、その領域は二千里ばかり、戸数は三万。高山や峻谷《しゆんこく》が多く、平原や沢地はない。山や谷の地形を利用して住居をかまえ、谷川の水で生活する。良田はなく、田づくりに努めはするが、口腹《こうふく》を満たすに足るだけの食糧は収穫できない。その風俗として、食物を倹約して、宮殿や住居を盛んに建てる。鬼神《きしん》にそなえものをし、星祭りや社稷《しやしよく》の祭礼をおこなう。人びとの性格はあらあらしく気みじかで、好んで侵入掠奪をはたらく。その国には王がおり、官がいて、それぞれ等級がある。古くからの言い伝えでは、かれらは夫餘の別種だとされ、言語その他多くの点について夫餘と同じであるが、その性格気質と衣服に違いがある。もともと五つの部族があった。

都に居住する豪族たちは田畑ではたらくことはせず、座食する者が一万人以上もいて、下戸たちが遠くから米などの食糧や魚塩をかついできて、かれらに給している。民衆は歌舞を喜び、都や各地の邑落では、夜になると男女が集まって、いっしょに歌ったりあそんだりする。人びとは心から清潔を好み、酒を醸《かも》すのに巧みである。道を行く場合にはいつも走っている。……この国の馬はみな小柄で、山を登るのになれている。民衆たちは意気盛んで、戦闘になれており、沃沮や東濊《とうわい》はみなその支配下にある。……」

高句麗王国は、その初期に新の王莽の命令で壊滅状態におちいり、最初の王系は断絶した。復興した高句麗も、後漢末には遼東郡長官の公孫度《こうそんど》の攻撃を受けて首都を移し、三世紀には魏に国都を攻撃されて、王は日本海岸の沃沮まで逃亡したりした。

しかし、そののち勢力を回復し、三一三年、美川王《びせん》のときに楽浪、帯方二郡をほろぼして、中国軍を朝鮮半島から追い出した。中国王朝の朝鮮支配がここで終わったのである。

百済の滅亡

美川王を継いだ故国原王《ここくげんおう》は、南下をくわだてて百済《ひゃくさい》に侵入したが、かえって敗れ、三七

一年　戦死した。百済王が倭王（仁徳天皇と思われる）と同盟したのは、このときである。有名な高句麗の「広開土王碑」には、「倭は辛卯《しんぼう》の年（三九一）をもって来たりて海を渡り、百残《ひやくざん》（百済）・新羅《しんら》を破り、もって臣民となす」とある。

百済を破ったというのは高句麗の立場で、百済からみれば倭の援軍が来たということである。そのころ百済や新羅を勢力下に置いていた倭国は、朝鮮半島に兵を送って高句麗軍と戦ったが、しばしば敗れ、半島の大部分は高句麗の支配下に服した。北方は沿海州まで高句麗の領土となった。

ところで、広開土王の死とともに、高句麗と倭国の間に和解が成立したらしく、四一三年、高句麗王高璉《こうれん》（長寿王）の使者と、倭王倭讃《わさん》（履中《りちゆう》天皇か）の使者が、いっしょに中国南朝の東晋の朝廷を訪問したという記事がある。

四二七年、高句麗は国都を丸都城から平壌に移した。こうして南へ進出する足場を固めるとともに、四三六年には遼東地方を領有し、華北を統一した中国北朝の北魏と遼河を境に接するようになった。一方、東方では豆満江《とまんこう》流域の東夫餘をあわせ、北方では衰弱した夫餘を圧迫して、松花江まで勢力をのばした。

朝鮮半島ではこのあと、北方の高句麗、東南方の新羅、西南方の百済の三国鼎立《ていりつ》状態がしばらくつづいたが、中国の内乱が終わって隋が統一を果たすと、すぐに均衡は破れた。中国に統一国家があらわれると、必ず遼河を越えて遼東に進出するからである。高句麗は、モンゴル高原の突厥《とっけつ》（トルコ）帝国と同盟し、隋の遼西地方を攻撃した。

隋はただちに反撃に転じ、文帝と煬帝《ようだい》は三回にわたって高句麗を攻撃した。煬帝は、六一二年、みずから百十三万の大軍を率いて高句麗に遠征したが、遼河付近で撤退した。翌年にもみずから高句麗征伐に出陣したが、またも無惨な失敗に終わり、六一四年も動員令を下したが、兵力が集まらなかったので高句麗征伐を断念した。

六一八年、隋の煬帝は反乱で殺され、唐が建国された。ちなみに隋も唐も、帝室の祖先は、もともと大興安嶺出身の鮮卑族である。後漢末の一八四年、宗教秘密結社が決起した「黄巾《こうきん》の乱」と、これを鎮圧した政府軍の内戦である一八九年の「董卓《とうたく》の乱」のせいで、漢人人口は激減した。三国時代を通じて、周辺の夷狄《いてき》が大量に内地に移住していたのである。中国史で「五胡十六国の乱」といわれるものは、華北に移住した異民族が、つぎつぎに国を建国したもので、そののち華北を統一した北魏も鮮卑族出身で、隋と唐の支配層はこの北魏の系統である。

て六四五年になって、唐の太宗は高句麗に親征したが、鴨緑江の手前の安市《あんし》城を落とせずに軍を返した。六四七年にもその翌年にも、唐軍は高句麗を攻めたが成功しなかった。そこで、太宗を継いだ高宗は、六六〇年、新羅と同盟し、背後から高句麗を攻めるために、海上から朝鮮半島南部に上陸し百済をほろぼしてしまった。

日本誕生

百済と同盟していた倭国は、六六三年、百済を復興しようと艦隊を派遣したが、白村江《はくそんこう》で、唐の艦隊に敗れて全滅してしまった。倭国は朝鮮半島における足場を失っただけでなく、日本列島の安全そのものが脅威を受けることになったのである。

それまで中国文明の商業ネットワークに組み込まれて発展をつづけてきた倭国は、岐路に立たされた。古くから日本列島に流れ込んでいた中国商人や、大陸の戦乱を避けて亡命してきた中国人は、このとき中国大陸の政治にまきこまれることを拒否し、日本列島の先住民とともに独立して生きていくことに決めたのであった。

倭国は、それまで交易に便利な港の近くにあった難波京から、安全な内陸の近江に都を移し、六六八年、中大兄皇子《なかのおおえのおうじ》が大津で即位した。天智天皇である。それとともに、わが国で最初の成文法典である「近江令」が制定され、六七〇年には最初の全国にわたる戸籍である「庚午年籍《こうごねんじやく》」がつくられた。岡田英弘は、この「近江令」で「日本」という国号がはじめて採用されたという意見である。それと同時に、中国皇帝の臣下の称号である「王」ではなく、皇帝と同格の「天皇」号をつくりだしたのである。

同じ六六八年、唐は高句麗の首都平壌を落とし、高句麗はほろびた。

新羅の半島統一と日本人の形成

かつて朝鮮半島南部にあった「任那《みまな》日本府」とはどういうものであったかというと、商業ルートの洛東江沿いに建設された都市同盟である「任那」諸国のなかに、倭人の「将軍府」、つまり軍団司令部と屯田兵部落があったと考えられる。

六〇〇年ごろの朝鮮半島の状況について『隋書』「東夷伝」が伝えるところでは、百済は「その人には、新羅、高句麗、倭などがまじっており、また中国人もいる」、新羅は「その人には華夏（中国）、高句麗、百済のたぐいがまじっている」という。倭国と軍事同盟を結んでいた百済には、倭人の住民も多かったのである。

日本列島の状況も似たようなもので、倭人の聚落《しゅうらく》と、秦人《はた》、漢人《あや》、高句麗人《こま》、百済人《くだら》、新羅人《しらぎ》、加羅人《から》など、雑多な系統の移民の聚落が散在する地帯であった。古い倭人の聚落はいずれも山の中腹か丘の上にあり、焼畑農耕の村だったが、渡来人たちが平野部を開拓して食糧の生産が増加し、都市の成長をうながした。

当時の日本列島に倭国という国家があって、それを治めるものが倭王だったわけではなく、倭王が先にあって、その支配下にある土地と人民を倭国といったのである。

中国が内乱によって弱体であった間は、高句麗も百済も新羅も倭国も、自立して発展することができたが、唐という巨大帝国は、たちまち百済と高句麗を粉砕した。生き残った新羅と倭国は、唐に対抗するため、国境をもち、その内側に住む人びとをすべて組み込む強固な政治組織をつくる必要にせまられた。

新羅では、武烈王《ぶれつ》（六五四〜六六一）、文武王《ぶんぶ》（六六一〜六八一）の時代に、百済と高句麗の遺民を吸収して、新しい統一王国が成立した。新羅の国境の内側の人びとが、しだいに共通の国語を発達させ、一つの民族らしい外観をもつようになった。これが、今日の朝鮮＝韓民族の起源である。

日本列島でも、前述のように、六六八年、天智天皇の即位にさいして、国号を「日本」

とさだめ、「天皇」号をつくりだした。さらに、雑多な集団を一つにまとめるために歴史と言語の統合をはかろうとした。こうして、天智天皇を継いだ天武天皇の命で『日本書紀』の編纂がはじまる。『日本書紀』が完成したのは七二〇年である。ちなみに私は、『古事記』は七一二年に成立したのではなく、百年あとの平安朝初期の作であるという説をとる。

日本最初の国史である『日本書紀』は、日本の皇室の祖先は天上から日向《ひうが》の高千穂峯《たかちほのみね》に降臨したといい、外国とはまったく関係がないと主張している。日本列島は最初から単一の国家の領土であり、そこに住む者はすべて日本人である、という観念をつくりだすことを目的として編纂されたのであるから当然である。国史とは、すべてそういうものである。

同時に、共通の日本語が大急ぎでつくりだされた。新しい国語の創造を担当したのは、漢字をつかうことのできる渡来人であった。かれらは、漢字でつづった中国語の文語を下敷きにして、その一語一語を倭人の土語で置き換えて、日本語をつくりだした。最初は万葉仮名だけだったが、やがて、ひらがなとカタカナという表音文字が誕生し、日本語は中国語から独立した国語になった。

ところが、朝鮮半島の新羅では、公用語は漢字のままで、ハングル文字をつくったのは、モンゴルの支配が終わったあとの十五世紀である。最古の歴史書である『三国史記』も十二世紀の作で、日本にくらべてかなり新しい。

文化的に朝鮮人が日本人の兄だというのは誤りで、朝鮮＝韓国人と日本人は、このようにして、ほとんど同時に中国から独立して民族形成をはじめた、双子のような関係である。

渤海国と日本の修好

六九八年から九二六年まで、のちの満洲南東部から朝鮮半島北部を領域とした渤海《ぼっかい》国の、一般の国民は靺鞨人で、支配層は、靺鞨系をふくめて高句麗の遺民だった。

唐は六六八年に高句麗をほろぼすと、平壌に安東都護府《あんとうとごふ》を置いて、高句麗の旧領土を支配しようとした。また、唐に抵抗した高句麗人数万人とこれに協力した靺鞨人を、営州《えいしゅう》（いまの遼寧省朝陽）に強制移住させた。ところが、六七六年、唐と結んでいた新羅が唐に反抗したため、唐は安東都護府を平壌から引き揚げて遼東（遼陽）に移した。唐は高句麗の故地の直接支配を放棄したのである。

唐の初期の営州は、各地から移された異民族の居住地であったが、六九六年、営州に移住させられていた契丹人の李尽忠《りじんちゅう》が唐に反乱を起こした。高句麗人や靺鞨人はこれに乗じて唐に離反し、故地に向かった。かれらの大部分は唐軍に制圧されたが、大祚栄《だいそえい》が率いる一団だけが脱出に成功し、いまの吉林省延辺《えんぺん》朝鮮族自治州の敦化《とんか》で、六九八年、震《しん》国を建てた。やがて唐もその勢力を認めざるをえなくなり、七一三年、玄宗皇帝は大祚栄を渤海郡王《ぐんおう》に封じた。これが渤海国という国名の由来である。渤海国は、七一九年には独自の年号を建てて、唐からの独立を明確にした。

渤海国と日本との関係は、七二七年、大祚栄の子・大武芸《だいぶげい》が、奈良朝の聖武《しょうむ》天皇時代の日本に直接使者を送り、修交を求めたことにはじまる。これからあと約二百年の間に、渤海は三十三回日本に使節を派遣し、日本も十六回使者を渤海に送った。

渤海から日本へもたらされた交易品は、虎・羆・豹・貂の毛皮、朝鮮人参、蜂蜜などとともに唐からの輸入品で、日本から渤海へは、絹、絁《あやぎぬ》、綿《まわた》が送られた。

渤海の支配層は中国的教養を身につけ、仏教を信仰し、唐に多数の留学生を送り、国書は漢文で書いた。日本にやってきた使節たちは、同じく漢文の素養のある日本の文人と詩《し》賦《ふ》をうたいかわした。日本の漢詩集『文華秀麗集《ぶんかしゅうれいしゅう》』に、かれらの詠《よ》んだ詩篇が残っている。

渤海の制度は、おおむね唐の制度(三省六部制や九寺・後宮・兵制)を模倣したもので、地方行政は、五京・十五府・六十二州があり、唐からは「海東《かいとう》の盛国《せいこく》」と呼ばれた。

じつは、日本人が渤海国の内情を見聞したためずらしい記録が、『類聚国史《るいじゅこくし》』「殊俗部《しゅぞく》、渤海・上」（平安前期の勅撰史書、菅原道真編、八九二年成立）に残っている。遣唐留学僧の永《えい》忠《ちゅう》が、日本の敦賀《つるが》と渤海の南京南海府《なんけいなんかいふ》（いまの北朝鮮の清津《せいしん》）を結んだ渤海路を通じて、祖国に音信を送ったなかにあった記述である。

「［渤海に］州・県や館・駅はなく、ところどころに村里があるだけで、みな靺鞨の部落である。その百姓は靺鞨が多く、土人（高句麗人）は少なく、みな土人を以て村長とする。大村［の村長は］都督《ととく》といい、つぎは刺史《しし》といい、その下の百姓はみな首領という。土地がらはきわめて寒く、水田によろしくない」

一般の靺鞨人は、その国土の大部分を占める森林地帯で、毛皮獣や人参、蜂蜜など自然の産物を採取し、河川や湖沼や海浜では漁撈をおこなっていた。鏡泊湖《きょうはく》はフナ、朝鮮の東北海岸は昆布の名産地だった。豚・馬の牧畜、陸稲などの農耕、布・綿・紬《つむぎ》・鉄なども生産した。宗教は古来のシャーマニズムだっただろう。

渤海の「上京龍泉府《じょうけいりゅうせんふ》」（黒龍江省寧安県の東京城）は、日本の学者によって発掘調査された。東西約四・五キロ、南北約三・五キロの土壁に囲まれた外城と、なかのやや北寄りに東西約一キロ、南北約一・一キロの石壁をめぐらせた内城があり、内城内には王宮が存在した。

条坊の区画もされ、唐の長安のプランにならって営まれたことはあきらかである。外城では十カ所の寺院の遺址《いし》が発掘され、高さ六メートルの石灯籠《いしどうろう》も現存している。宮城の東側に禁苑《きんえん》があり、築山や池や八角亭などの建築址が残っていた。このほか、東京《とうけい》、中京《ちゅうけい》の宮殿址も調査され、これらから屋根の平瓦や筒瓦、蓮弁文《れんべんもん》のついた瓦当《がとう》、棟の鬼瓦《おにがわら》、花文のついた床の磚《かわら》、緑色釉をかけた柱座、階段を飾った石の獅子などが発掘された。

渤海国は、九二六年、つぎにみる契丹によってほろぼされ、東丹国《とうたんこく》と改称されて、契丹の太祖阿保機《あほき》の長子突欲《とつよく》が東丹王となった。

契丹の大帝国

契丹（キタイ）人は大興安嶺山脈の東斜面の遊牧民で、その名は四世紀から記録にあらわれる。『新唐書』には、「契丹はもと東胡《とうこ》種族で、その先祖は匈奴《きょうど》に破られて鮮卑《せんぴ》山を保守した。北魏になってみずから契丹と号した」とある。同じ鮮卑種族で、中国に南下して王朝を建てたのが北魏で、故地に残ったものが契丹になったのであろう。

十世紀に契丹帝国を建国したとき伝わっていた始祖説話は、「昔、白馬に乗った男子が土河《どが》（遼河の上流のローハ・ムレン河）を下ってきて、灰色の牛に引かせ小さな車に乗って潢河《こうが》（シラ・ムレン河＝遼河）を下ってきた婦人と、合流点の木葉山《もくようざん》（遼寧省と吉林省の境）で出会い、夫婦となった。これが契丹人の始祖で、かれらから生まれた八人の息子が、契丹の八部落の祖となつた」というものである。

契丹人の組織ははじめ部族連合で、八部族長が輪番で三年一期の王に選挙された。最後に耶律《やりつ》阿保機が契丹諸部を統合し、九一六年、大契丹国皇帝と称した。この帝国は、「契丹（キタイ）」のほかに「遼」という国号を使用したが、これは故郷の遼河の名前から来ている。

遼代の契丹人は部族連合を廃止し、すべての種族を二つの姓に統合した。耶律（移剌《いら》）姓は皇帝を出す一族で、馬を自分たちと特別の関係がある動物として神聖視する血縁集団であり、審密《しんみつ》（石抹《せきまつ》、蕭《しょう》）姓は皇后を出す一族で、牛を神聖視する血縁集団であった。契丹人は、同姓とは結婚しない族外婚という北方の習慣をもっていたから、この二つの集団の間で結婚関係を結んだのである。

契丹は、九三六年、太原の沙陀《さだ》トルコ人将軍の石敬塘《せきけいとう》を助けて後唐をほろぼしたとき、「燕雲《えんうん》十六州」（山西省北部から河北省北部）の割譲を受けた。いまの北京市まで、契丹の領土となったのである。また、西方のモンゴル高原に遠征軍を派遣し、一〇〇四年には、オルホン河畔の旧ウイグル帝国の可敦《カトン》城に、鎮州建安軍《ちんしゅうけんあんぐん》という軍事基地を置いた。さらに同年、中国の宋と澶淵《せんえん》の盟約を結び、宋から歳幣《さいへい》（毎年絹二十万匹・銀十万両）を受けることになった。

つまり契丹は、二十世紀でいうなら、満洲帝国に本拠地をもちながら、モンゴル人民共和国から中国河北省までを支配下に入れた帝国となったのである。このためモンゴル語やロシア語、さらにはラテン語でも、これからあと「キタイ」が「中国」を指すことばになった。

契丹帝国は直轄地を五道に分け、「五京《ごけい》」と呼ばれる都市をそれぞれの中心に置いた。契丹人の本拠地には上京臨潢府《じょうけいりんこうふ》、奚《けい》人の中心地に中京大定府《ちゅうけいたいていふ》、渤海人の中心地に東京遼陽府《とうけいりょうようふ》、沙陀トルコ人の中心地に西京大同府《せいけいだいどうふ》、いまの北京の地に南京析津府《なんけいせきしんふ》を置いた。しかし、皇帝自身は都市には住まず、季節ごとに異なった宿営地に天幕を張り、移動して暮らした。

契丹の組織は、遊牧民を管轄する北面官と、定住民を管轄する南面官に分かれる。契丹の支配層は、それぞれ遊牧民と定住民から成る私領をもち、これを「オルド」と呼んだ。皇帝の住む大天幕と、それに従う家来たちの天幕群のことも「オルド」と呼んだ。

契丹は中国文明を利用はしたが、中国化しなかったといえる。漢字に影響されてはいるが、自分たちのことばを書くために、独自の契丹文字も発明した。

女直の金

話をもどして、九二六年、渤海国が契丹にほろぼされると、契丹の太祖阿保機の長子突《とつ》欲《よく》（漢名は倍）が渤海国を改称した東丹国の王となった。突欲は父が死ぬと契丹に帰り、東丹官庁や人民を東平（遼陽）に移し、この地を南京《なんけい》とした。それで渤海国の旧土は支配者不在の状態となり、もともと黒龍江下流にいた黒水靺鞨《こくすいまっかつ》が南下して各地に住みつくようになった。

契丹は黒水靺鞨を「女直《じょちょく》」と呼び、自国の領内に移住させて戸籍をあたえた者を「熟《じゅく》女直」、遼の直接支配を受けない者を「生《せい》女直」と呼んだ。生女直の一部族、完顔《わんやん》部族長の阿《ア》骨打《クダ》（金の太祖）が一一一五年に契丹から独立し、大金皇帝の位に就いたのが金の建国である。

金という国号は、完顔部族の本拠がいまのハルビン市東南のアンチュフ（按出虎）水のほとりで、「アンチュン」が女直語で黄金を意味するからである。この地には金代には上京《じょうけい》会寧府《かいねいふ》が置かれた。金の制度は、三百戸を一謀克部《ムクン》とし、ここから選ばれた兵を一ムクン軍とする軍事組織だった。十ムクン軍は一猛安《ミンガン》軍となった。ムクンは里長、ミンガンは千人隊長のことである。

金軍は一一二五年、最後の契丹皇帝（遼の天祚帝《てんそ》）をいまの内モンゴルで捕らえ、引きつづき宋に侵入して、翌年開封《かいほう》を占領し、宋の徽宗《きそう》・欽宗《きんそう》父子を捕らえた。欽宗の弟の高宗が南に逃げて一一二七年に皇帝となり、杭州に臨時政府を置いた。これからあとの宋朝を南宋という。

金帝国は契丹の領土をほぼそっくり受け継いだうえに、新たに淮河《わいが》以北の中国を領土に加えたが、遊牧地帯は内モンゴルまでで、漠北のモンゴル高原には支配がおよばなかった。契丹人は遊牧民出身だったが、女直人はもともと森林の狩猟民出身だったからである。だから契丹帝国から金帝国になったあと、支配のゆるんだモンゴル高原の遊牧諸部族の間で主導権争いが起こるようになり、これがモンゴルのチンギス・ハーンの台頭へとつながったのである。

女直人は、のちに清朝を建てた満洲人の直接の祖先である。契丹人の遼も女直人の金も、

「征服王朝」と呼ばれて、それぞれ中国王朝の一つとされている。つぎのモンゴル人が建てた元朝が、正史としての『遼史』と『金史』を書いてしまったために、中国王朝とみなされることになったといえる。契丹語はモンゴル語に近縁の言語であったが、女直人は、これとは別のトゥングース系の言語を話す種族であった。女直人も契丹人と同じく、自分たちの言語を書くために漢字をもとにした女直文字を発明した。

本章でみてきた東北アジアの諸民族はすべて、中国文明に影響を受けて国家形成をおこなった。今日の中国の主張のように、だからかれらはすべて中華民族である、とするなら、われわれ日本人はなんだろう。こういう問題も、われわれは知っておく必要があると思う。

第四章

元朝から清朝へ

――モンゴル人の元朝、満洲人の清朝による中国の支配

モンゴル帝国の建国

いまの日本では、かつてなぜ「満洲」と「蒙古」をひとまとめにして「満蒙」といったのか、説明できる人は少なくなってしまった。本章では、モンゴルに代表される遊牧民と満洲の関係について説明し、ついで、かれらが中国を植民地とした歴史をみていこう。朝鮮半島と日本も、当然、その歴史のなかに登場する。

モンゴルが歴史にはじめて登場するのは七世紀で、そのころは大興安嶺山脈の北西、かつての満洲帝国とソ連の国境、いまの中国とロシア国境のアルグン河の南に住む小さな集団であった。『旧唐書《くとうじょ》』に「蒙兀《もうごつ》部落」の名前が伝わっている。かれらはこのあと西方に移動し、バイカル湖の東からモンゴル高原中央部に南下した。

モンゴル高原における最初の遊牧帝国は匈奴《きょうど》帝国である。紀元前二二一年に秦の始皇帝が中国を統一した直後に、大遊牧部族連合を形成した。これを遊牧帝国と呼ぶのである。それまでも中国北方に遊牧騎馬民はいたのだが、南の中国で強大な帝国ができたために、小さな集団では、交易や掠奪《りゃくだつ》が困難になったからだと思われる。

匈奴帝国は、東は東胡《とうこ》を服属させ、西は月氏《げっし》を討って、東は満洲の狩猟民から北方はバイカル湖、西方はアルタイ山脈までを支配下に入れた。このあと、鮮卑、柔然《じゅうぜん》、突厥《とっけつ》（トルコ）、回鶻《かいこつ》（ウイグル）と、北方における遊牧帝国の興亡が中国の記録に残ったが、かれらはつねに部族連合で、そのときどきの支配部族の名前が帝国の名前として中国に伝わったのである。

十二世紀後半、モンゴル部族から出たテムジン、のちのチンギス・ハーンは、はじめ金の同盟部族となって、ほかの遊牧部族を征服していった。そして一二〇六年、ケンテイ山脈のオノン河の源にモンゴル高原の全遊牧部族の代表を召集し、この大会議の席上で盟主に選挙されて、チンギス・ハーンという称号を採用した。これがモンゴル帝国の建国である。

チンギス・ハーン率いるモンゴル軍は、東方で金を討ち、西方では中央アジアに遠征した。チンギス・ハーン自身は、南の西夏《せいか》王国を攻撃している最中の一二二七年に他界した。しかし、息子たちや将軍たちはその遺志を継いで攻撃と拡大をつづけ、東は日本海沿岸から西はロシア草原までがモンゴル帝国の領土となったのである。

モンゴル帝国のしくみ

モンゴル帝国は、古くからの遊牧帝国と同様、部族連合だった。チンギス・ハーンといえども、ほかの部族長の領民に直接の支配をおよぼすことはできない。古来、遊牧騎馬民が首長を選ぶ基準は、戦争の指揮がうまく、掠奪品を公平に分配し、仲裁能力があることであった。

モンゴル帝国の構成員となった遊牧民は、千人隊に編成された。チンギス・ハーンは、もとからあった遊牧部族を解体したのではなく、ジャライル三千人隊やオイラト四千人隊というように、部族集団を格づけしたのである。漢字で「千戸」と書く千人隊は、一千人の兵士を供出できる集団のことであるが、どうがんばっても一千人も出せない千人隊もあったろうし、もっと多くの兵力をそなえた集団もあったろう。数字に厳密な意味はなく、供出した兵力に相当する分け前をもらう権利のある株のようなものである。

軍事遠征に出るときは、ハーンが大集会を召集し、部族長である皇族や将軍たちと、軍の編成と徴発する兵隊の数を協議する。征服戦争に勝利すると、掠奪品の何割かがまず指揮官であるハーン個人のものとなり、残りは、決められた数の兵力を供出した各千人隊や百人隊に平等に分配された。

諸部族長は、万人長、千人長、百人長などに任命された。これは、平時には宮廷席次つまり身分であるが、戦時にはそのまま軍隊の階級となった。

遊牧民の相続は原則的に均分相続で、年長の息子から順番に結婚して、財産となる家畜を親から分けてもらい、家を出て独立する。最後に残った末子が両親と同居してその面倒をみて、親の死後その財産を引き継いだので、末子相続制といわれることがあるが、末子が全財産を相続するという意味ではない。家畜を放牧させる土地を占有することはあったが、土地所有という観念はなかった。

遊牧民の財産は第一には家畜であるが、チンギス・ハーン一族のような遊牧帝国の支配層にとっては、領民も財産であった。チンギス・ハーンは生前に子どもたちと弟たちに、それぞれ遊牧領地を割り当てており、死んだときには、かれ個人の軍隊も分配された。四人の息子たちは、長男ジョチがいまのロシア方面、次男チャガタイが中央アジア、三男オゴデイがいまの新疆《しんきょう》、末子トルイがモンゴル高原を所領としてあたえられ、東方の大興安嶺方面は三人の弟たちの遊牧領地に割り当てられた。そういうわけで、のちの満洲帝国興安省には、チンギス・ハーンの弟の子孫が多くいたのである。

チンギス・ハーンの死後、第三代ハーン選出のときに、すでにモンゴル帝国には分裂のきざしがあった。トルイの次男フビライが第五代ハーンに即位したとき、ついにモンゴル帝国は四つに分かれた。そのうちもっとも東にあって、モンゴル本土と満洲と中国を支配した宗主国が、元朝である。

元朝がもたらした「パクス・モンゴリカ」

一二六〇年にフビライはモンゴル帝国のハーンに即位し、一二七一年に「大元」という漢式の国号を採用した。フビライは、王朝の祖である祖父チンギス・ハーンに太祖という廟号《びょうごう》を贈り、これを祀《まつ》ったので、中国ではチンギス・ハーンを「元の太祖」と呼ぶ。しかし、チンギス・ハーンの時代に元はないし、かれは中国人ではない。

世祖フビライにはじまる元朝の歴代皇帝にとっても、本拠地はあくまでモンゴル高原で、北京に新たに建設した大都《だいと》は冬の避寒キャンプ地にすぎなかった。大都は物資の補給基地であり、漢人を統治する行政センターであった。

元代の「漢人」は金の支配下にあった華北の定住民のことで、宋代の漢人のほかに、契丹人、女直人、渤海人、高麗人もふくみ、一二三六年の統計では百十一万戸、五百万人ほどである。元は一二七六年に南宋の首都臨安《りんあん》を占領し、全中国の支配をはじめるが、南宋の遺民を「南人」とか「蛮子《マンジ》」と呼んだ。

モンゴルの支配は属人主義で、中国では戸（家族）ごとに課税し、中央アジアでは成年男子に人頭税を課すなど、支配地域の慣習にしたがって徴税した。さらに、すべての支配地域をつなぐ交通通信網の「駅伝」を設置した。これは幹線道路に一定距離ごとに置かれた駅站《えきたん》で、ハーンの名で出された牌子《パイザ》という札をもった使者や公用の旅行者に、乗り換え用の馬や食物や宿舎を提供する制度である。

このようにして交通の安全が保障されたおかげで、モンゴル帝国時代には遠隔地を結ぶ交易が盛んになった。遊牧君主たちは、掠奪戦争によらなくても、関税収入や商人への投資で富を蓄えられるようになったのである。モンゴル帝国時代を「パクス・モンゴリカ（モンゴルの平和）」と呼んだりするのは、このためである。

元の最高機関である中書省《ちゅうしょしょう》という役所は、原則としてハーン（元朝皇帝）の直轄領を治める機関で、ほかの皇族の所領については、不在の領主に代わって差配し、あとで徴税の分け前を届けるという役目を果たした。つまり、征服戦争に参加した皇族や将軍たちは、あとあとまで税金の分け前を分配してもらっていたのである。

大都に置かれた中書省は、ゴビ砂漠以南のモンゴル高原と、華北の山東・山西・河北を管轄した。これ以外の地方には、中書省から出向した行中書省《こうちゅうしょしょう》（略して行省《こうしょう》）を置いて、その地方の住民を管理した。この行省が、いまの中国の省の起源である。

モンゴル支配下の満洲と朝鮮半島

『元史』「地理志」によると、満洲には遼陽等処《りょうようとうしょ》行中書省（遼陽行省）が置かれ、その下に、七路一府十二属州十属県があった。七路は、遼陽路、広寧府《こうねいふ》路（遼西方面）、大寧《たいねい》路（熱河方面）、東寧《とうねい》路（朝鮮平安道方面）、瀋陽路、開元路（瀋陽より東北方面）、合蘭府《ハランふ》水達達《すいたつたつ》等路（松花江流域、沿海州、朝鮮咸鏡道《かんきょうどう》方面）である。また、要害の地には、兵部に属する元帥府《げんすいふ》、万戸府《ばんこふ》が設けられた。

アムール河最下流域には東征元帥府が設置され、樺太《からふと》侵攻への足場となった。『高麗史』によると、日本への蒙古襲来のあと、一千人の蛮軍（旧南宋の兵士）が樺太に駐留していたという。それらの地域へは駅伝ものびており、おもな駅站には監督取り調べの役人がおり、治安の維持にあたっていた。これよりほかには元朝時代の満洲についての記録はない。

さて、当時の朝鮮半島には、新羅を継いだ高麗王国があった。モンゴル軍は、一二三一年から一二五九年まで三十年近い年月の間に、計六回、高麗に侵入した。高麗は都を開京《かいけい》（開城）から江華島《こうかとう》に移し、民衆に対しては山城《さんじょう》や海島《かいとう》への待避を命じた。高麗が三十年近くも徹底抗戦できたのは、当時、武人の崔《さい》氏が政権を握っていたからだった。モンゴル軍はこの間、何十万人という高麗人を捕虜として連れ去り、遼河デルタに入植させて農耕に従事させた。これら高麗人は、明代には漢人とみなされるようになる。

一二五八年のクーデターで武人政権は倒れ、一二五九年に高麗の太子（のちの元宗）は元朝の支配を受け入れた。元宗の息子の忠烈王《ちゅうれつおう》はフビライの皇女と結婚し、その間に忠宣王《ちゅうせんおう》が生まれた。これからあと代々の高麗王はモンゴルの皇女と結婚し、元朝皇帝の側近としてモンゴル風の宮廷生活を送ったあと、祖国にもどって王に即位した。百年以上モンゴルの支配下にあったので、朝鮮の文化には、いまでもモンゴルの影響が残っている。

一方、高麗の本国では、一二七〇年、武人の残党のなかで江華島の三別抄《さんべつしょう》という部隊が、モンゴルおよびモンゴルに屈した元宗に対して反乱を起こした。三別抄は舟に分乗して江華島を離れ、半島西南端の珍島を根拠地にして全羅道《ぜんらどう》・慶尚道《けいしょうどう》に勢力を拡げ、耽羅《たんら》（済州島）を占領した。モンゴルと高麗政府の連合軍は、一二七三年にようやくこの乱を鎮定し、その結果、済州島はモンゴルの直轄領となったのである。

日本への蒙古襲来

一二六六年、元朝皇帝フビライは高麗に使者を派遣し、その使者を案内して日本へ行き、日本を説得してモンゴルに通好させることを高麗国王に求めた。高麗の君臣はやむなくフビライの使者を半島南端の巨済島の松辺浦《しょうへんほ》に案内し、「風濤《ふうとう》天を蹴《け》る」ありさまをみせて、日本への渡海を思いとどまらせた。

この報告を聞いたフビライは高麗の不実を責め、高麗単独で詔書を日本に伝えよと命じた。一二六八年閏《うるう》一月、一二六六年付の蒙古国書を携えた高麗の使者が大宰府《だざいふ》にいたった。鎌倉幕府の対応は早く、翌二月、讃岐《さぬき》国の国人を蒙古襲来にそなえさせている。一方、大宰府に五カ月も留め置かれた高麗の使者は、返牒《へんちょう》を得ずに高麗の都に帰った。

一二七〇年に日本に派遣された蒙古国信使は、女直人趙良弼《ちょうりょうひつ》であった。一行百余名は一二七一年九月に大宰府にいたったが、日本側から返牒を得られないまま高麗にもどった。趙良弼は、フビライの命を受けてすぐにふたたび日本にやってきたが、結局その後一年間、大宰府に留め置かれ、一二七三年に元に帰り着いた。

一二七三年、モンゴル・高麗連合軍が三別抄の乱を鎮定すると、翌一二七四年、元の世祖フビライ・ハーンはついに日本征討を発令した。これが第一次蒙古襲来で、わが国では文永《ぶんえい》の役《えき》という。ちなみに「元寇《げんこう》」という言い方は、明治になって「倭寇《わこう》」に対抗して生まれたものである。

このとき日本に襲来した元の征東軍一万五千人のなかには、女直兵がかなりの人数ふくまれており、副元帥の洪茶丘《こうさきゅう》は、満洲生まれの高麗人だった。九百艘《そう》の兵船はすべて高麗が建造したもので、水手《すいしゅ》六千七百人も高麗人、そのうえ高麗軍八千人が参加していた。

新暦十一月二十六日の夜半、大暴風雨となり、いったん沖合に引き揚げたモンゴルと高麗の艦船の多くが覆没《ふくぼつ》し、日本への襲来はあえなく終わった。高麗の史料『東国通鑑《とうごくつがん》』によると、この戦いで戦死・溺死《できし》した元・高麗軍は一万三千五百人にのぼった。

一二七五年に日本に派遣された元の正使杜世忠《とせいちゅう》を、鎌倉幕府の執権北条時宗は直接引見した。しかし評定《ひょうじょう》の末、杜世忠以下四人は鎌倉竜の口の刑場で処刑され、大宰府に留め置かれた従者たちも斬殺《ざんさつ》された。このことを知ったフビライは激昂し、一二八〇年には征日本行省を設け、戦艦三千艘の建造を命じた。すでに一二七九年に南宋の残党も平定されており、今度は南宋の大軍が参加することになった。

一二八一年の第二次蒙古襲来を、わが国では弘安の役という。今回の元軍は二手に分かれていた。東路軍は、第一次のときと同じく高麗から出港し、元と高麗あわせて二万五千人の兵士と一万七千人の水手が九百艘の舟に分乗した。一方、旧南宋軍から成る江南軍は、十万人の兵士が三千五百艘の艦船に分乗していた。艦船には種々の農具が積載されており、日本の一部でも占領すれば定住して農耕をおこなうつもりの屯田《とんでん》兵だった。

新暦八月二十三日に、夜半から二昼夜にわたる大暴風雨が起こり、密集して碇泊《ていはく》していた元の艦船は、その多くが大破・沈没し、またもや日本襲来は終了となった。前述の『東国通鑑』によると、元軍十四万のうち、本国に帰らぬ者十万余、高麗に帰らぬ者六千六百余人だったという。

しかしフビライは日本征討をあきらめなかった。その後、何度も日本遠征軍を編成したが、そのたびに元朝の南部や北部で反乱が起こったので、実行できなかった。大興安嶺に分封されたチンギス・ハーンの弟の子孫の反乱が、元・高麗連合軍によって完全鎮圧されたのは一二九二年で、翌一二九三年、フビライは高麗に日本遠征の準備を命令した。しかし、フビライ・ハーンは一二九四年二月に病死し、日本遠征はとりやめとなったのである。

明朝と北元

先に「モンゴル帝国のしくみ」のところで説明したように、遊牧帝国は部族連合で、君主は部族長たちの選挙で選ばれる。均分相続のために、掠奪戦争をしないと代々の君主の財産は少なくなる。継承にさいしても兄弟が最大のライバルとなるのである。モンゴル帝国もその例をまぬがれず、元朝をはじめとする継承国家は、いずれも十四世紀には相続争いで弱体化した。元朝の騎馬軍団の戦力が内乱で低下したのに乗じて、宗教秘密結社の白《びゃく》蓮《れん》教徒が組織する紅巾《こうきん》の乱が中国各地で勃発《ぼっぱつ》した。

一三六八年、紅巾軍の親分の一人、朱元璋《しゅげんしょう》が大明皇帝の位に就き、元朝皇帝は大都を捨てて万里の長城の北に退却した。中国史では元朝はここでほろびたことになるが、元朝皇帝は内モンゴルに逃れ、その死後は、高麗貴族の皇后が生んだ皇太子が帝位を継いで皇帝となった。モンゴル人にとっては植民地の中国を失っただけで、元朝がつづいていた証拠に、十五世紀にふたたび連合したときの君主は、ダヤン(大元)・ハーンという。

明は、元朝のすべての領域を支配するために、一三七二年、十五万の大軍を率いてモンゴル高原へ進軍したが、数万人の死者を出して退却した。モンゴル高原を制圧できなかった明は、一三八七年、北満洲に二十万の明軍を派遣し、この地の元軍を投降させた。これによって、モンゴル高原の北元と高麗王国の連絡は絶たれた。モンゴルの血を引く高麗王は、北元を助けるべく、満洲に進軍するように高麗軍に命じた。

高麗軍の副司令官だった李成桂《りせいけい》は、命令を拒否して鴨緑江のほとりから王都開城に進軍し、王を廃位した。李成桂は、元末に咸鏡南道《かんきょう》で高麗軍に降伏した女直人の息子である。

李成桂は一三九二年、みずから高麗国王の位に就き、明の洪武帝《こうぶてい》にこのことを報告した。洪武帝が「国号はどう改めるのか、すみやかに知らせよ」といってきたので、高麗のほうでは「朝鮮」と「和寧《わねい》」の二つの候補を準備して洪武帝に選んでもらった。和寧は北元の本拠地カラコルムの別名であったので、洪武帝は、むかし前漢の武帝にほろぼされた王国の名前である「朝鮮」を選んだ。こうして朝鮮王国が誕生したのである。

明はその後、永楽帝《えいらくてい》のときに五回もモンゴル高原に遠征したが、ついにモンゴル人を支配できず、かえって十五世紀はじめから十六世紀末まで、ずっと万里の長城を修築しつづけて、その内側にとじこもった。中国の正統史観では、明は元から天命を受け継いだ王朝でなくてはならない。それで明の記録では、モンゴル高原の遊牧民を「蒙古」と呼ばずに「韃靼《だったん》」と呼び替えて、かれらが元朝の後裔《こうえい》であることをことばのうえだけ否認したのである。

明代の満洲

明はモンゴル高原への遠征は失敗したが、満洲の女直人の懐柔には成功した。永楽帝は女直各地に招撫使《しょうぶし》を送り、来朝した女直人の首長たちに、都督《ととく》、都指揮《としき》、指揮、千戸、百戸、鎮撫《ちんぶ》などの称号をあたえ、それぞれの部族を衛《えい》や所《しょ》とした。一四〇四（永楽二）年に七衛が新設され、一四〇五〜一七（永楽三〜十五）年の間に百七十衛が設けられた。万暦《ばんれき》年間（一五七三〜一六一九）には、総計三百八十四もの衛と二十四の所があった。明の軍制では所は千戸所の略で、五所が一衛にあたる。

明の衛所には二通りあって、遼東（遼河東方という意味で、遼東半島だけでなくその北方も指す）経営のために遼陽や瀋陽に置いた衛は、明の軍制である五軍都督府に所属する直属の軍隊であった。これに対して、女直に置いた衛所は「羈縻衛所《きびえいしょ》」といった。「羈縻」とは馬や牛をつなぐ口綱《くちづな》のことで、夷狄をてなずけるという意味である。

明は女直人の朝貢にさいして回賜《かいし》と撫賞《ぶしょう》をあたえた。回賜は、身分に関係なく、女直人の持参した馬や貂皮《てんかわ》（クロテンの毛皮）に対して一定の綵絹《あやぎぬ》・絹布を返礼として賜与《しよ》することで、撫賞は、官職に応じて絹布などを賜給することである。

永楽帝の時代には、はるか遠く黒龍江下流の住民までが来朝したので、一四〇九年、永楽帝は黒龍江下流にあった元の東征元帥府の地に奴児干都司《ヌルガンとし》を設置した。奴児干都司には中央から派遣された官吏と軍隊が駐屯し、『明実録』によれば、一四二七年には三千人の駐屯兵がいたという。ここから樺太のアイヌ人にも支配がおよんだ。

しかし、永楽帝の末期には奴児干都司も弱体化し、一四三五年以後、明はここを放棄して、遼河下流域に後退した。これ以後、満洲における明の国防の最前線は、遼東のもっとも北にある開原《かいげん》と、モンゴル高原の入口にあたる瀋陽になった。西方で万里の長城を修築した明は、遼西と遼東を囲むように、山海関にはじまる辺牆《へんしょう》（土塁）を築いた。その内側が中国ということである。元代に入植した高麗人は、こうして漢人とみなされることになった。

明は女直人を三つに分類し、朝鮮東北境から吉林省東部にかけて住む集団を建州女直、松花江流域の集団を海西女直、そのどちらにも属さず、牡丹江《ぼたんこう》、綏芬河《すいふんが》、黒龍江中下流域に住む集団を野人《やじん》女直と呼んだ。これは必ずしもかれら自身の分類を反映しているわけではなく、その住地も、たとえば建州女直は、元末には松花江流域にいたのが南下したのであって、このあとさらに西方、鴨緑江支流の佟佳江流域から渾河《こんが》の上流に移り住んだ。

女直人社会は主人と奴隷の二種類から成っており、主人は狩猟と交易と戦争を担当し、奴隷は畑を耕し、豚の世話をした。主人が女直人で奴隷が高麗人という場合も多く、奴隷といっても同じ屋敷に住み、主人と一つ釜の飯を食べた。狩猟は、シベリアのタイガ（密林）でテン・キツネ・リス・ミンクを捕り、長白山の原始林のなかで朝鮮人参・キクラゲ・キノコ・松の実・淡水産の真珠を集めることで、一家の主人はこれを交易しにゆくのが仕事だった。

女直が明に朝貢をはじめてから半世紀ほどの間は、主たる交易品は馬であったが、十五世紀後半から貂皮になる。明で毛皮が必需品になったためである。明代末期の宮廷では、毎年一万張の貂皮が用いられ、下層の人びとにも普及していた。朝鮮においても同じころから貂皮が流行し、数十人の郷村の婦人の集会でも、貂皮を着用しない者は一人もなく、これがなければ集会への出席を恥じるありさまであったという。

上等のクロテンは黒龍江流域やシベリアでしか捕れない。女直人は、原産地から明にいたる長い交易ルートを押さえ、富を蓄えていった。なかでも、明との境界に接した女直がもっとも有利で、このなかからつぎの王朝となる清朝の祖が誕生するのである。

清朝の建国

のちに清の太祖と諡《おくりな》されるヌルハチは、一五五九年、渾河上流の蘇子河《そしが》中流域に居住する建州左衛《けんしゅうさえい》の一部族長の家に生まれた。建州女直に明が置いた三衛の一つが左衛である。ヌルハチが二十五歳のとき、祖父と父は、遼東の辺牆を侵略した女直と明の抗争にまきこまれて、明軍に殺された。このときわずか百名ほどの兵で自立したヌルハチは、このあと明の遼東総兵官李成梁《りせいりょう》の庇護《ひご》を受けて勢力をのばし、五年で建州三衛を統一した。これが、第一章の最初に述べた「マンジュ・グルン（国）」と呼ばれるものである。

このマンジュ国は、明からみればまだ羈縻衛所であった。ヌルハチは北京に朝貢し、明に対して恭順な態度をとったので、一五八九年には都督僉事《ととくせんじ》に任ぜられ、一五九五年には龍虎《りゅうこ》将軍という称号を授かっている。

清朝建国直前の満洲

『民族の世界史３ 東北アジアの民族と歴史』（山川出版社）より作成

ちょうどこの年、朝鮮からヌルハチのもとに申忠《しんちゅう》一《いっ》という軍人が派遣された。その報告記『建州紀程図記《けんしゅうきていずき》』によると、明の辺牆から三百キロあまりの蘇子河中流域のフェアラ（旧老城）は三重の山城で、内城の中心には円形の木柵で囲まれたヌルハチの邸宅があり、その外側にヌルハチの親族が百余戸、外城には部下の諸将とその一族が三百余戸、さらに外城の外には兵士が四百余戸置かれていた。

ヌルハチは一五九九年には海西女直のハダをほろぼし、一六〇七年にはホイファをほろぼし、一六一三年にはウラを倒した。これら海西女直はすべて、奥地から遼東に向かう交通の要衝を占めていたので、強大な勢力だったのである。一六〇三年に居城をフェアラから四キロ北のヘトアラ（興京《こうけい》）に移していたヌルハチは、一六一六年、ここで即位し、ゲンギエン（英明）・ハンの尊号を受けた。のちの清の実録では、このときをもって後金国の建国としている。

一六一八年、ヌルハチは明と国交断絶し、撫順《ぶじゅん》を攻撃した。翌一六一九年の「サルフの戦い」は、天下分け目の戦いで、ヌルハチはこれに大勝利をおさめた。明軍の戦死者四万六千人、馬匹《ばひつ》の損失二万八千頭といわれる。

ヌルハチは一六二一年には瀋陽と遼陽を攻略し、またたくうちに遼東半島の先端まで、遼河以東の地を占領した。ヌルハチは都を遼陽に移し、その東北方に東京城《とうけいじょう》を築いたが、一六二五年には瀋陽に遷都した。これよりあと、ここはムクデン・ホトン（盛京《せいけい》）と呼ばれて国都となり、満洲の中心となる。遼東平野に進出したヌルハチは、漢人の所有地を取り上げて女直人にあたえ、服属した漢人には女直の風習であった辮髪《べんぱつ》を強制した。

一六二六年、ヌルハチが死ぬと八男のホンタイジがあとを継いだ。清の太宗である。一六二七年、ホンタイジは朝鮮に侵入し、国都のソウルにせまった。朝鮮王は江華島に避難した末に屈服し、ホンタイジを兄、朝鮮国王を弟とする和議を結んだ。ホンタイジは、鴨緑江下流の義州と咸鏡道の会寧《かいねい》に交易場を設けることを朝鮮国王に承諾させた。

さて西方のモンゴルは、ダヤン・ハーンの統一のあと、かれの子孫がみな部族長となって同盟を結ぶ部族連合であった。モンゴルの宗主を自任するチャハル部長のリンダン・ハーンは、新興勢力である女直に対抗して、強引にモンゴル部族の統合をはかった。

しかし、かれの強権を嫌うモンゴル諸部のなかで、チンギス・ハーンの弟の子孫のホルチン部はいち早くヌルハチと同盟し、そのあとホンタイジは内ハルハ部を支配して熱河《ねっか》に進出した。リンダン・ハーンは大軍を率いて西方に移動し、トゥメト部をほろぼしてフフホトを占領し、オルドス部を服従させたが、チベット遠征への途上、一六三四年に甘粛《かんしゅく》の武威《ぶい》の草原で病死した。

翌一六三五年、北元の宗主リンダン・ハーンの遺児エジェイは、母とともに女直軍に降伏し、「制誥之寶《せいこうしほう》」と刻んだ元朝の玉璽をホンタイジに差し出した。第一章で述べたとおり、このときホンタイジは、チンギス・ハーンが受けた世界征服の天命がまわってきたと解釈し、ジュシェン（女直）という種族名を禁止して、マンジュ（満洲）と呼ぶことに統一した。

ホンタイジは、一六三六年、瀋陽にマンジュ人、ゴビ砂漠の南のモンゴル人、遼河デルタの高麗系漢人の代表たちの大会議を召集して、三つの種族の共通の皇帝に選挙され、新しい国号を大清とさだめた。このような建国時の事情により、清の公用語は、満洲語、モンゴル語、漢語の三言語が併用されることになった。皇帝たちの実録や各種の公文書は原則としてこの三言語（三体という）で書かれている。

「大清」は、モンゴル人の建てた王朝名「大元」と同じく、「天」を意味する。ホンタイジを漢語では清の太宗というのである。これが清朝の建国であった。

明清交代

当時の朝鮮は明の朝貢国で、夷狄出身のホンタイジを皇帝に推戴《すいたい》することを断乎として拒否したので、大清皇帝となったホンタイジは、ただちに朝鮮に大軍を率いて侵入し、ソウルを落とした。南漢山城《なんかんさんじょう》にたてこもった朝鮮王は、一六三七年正月、城を出て清に投降した。これ以後、朝鮮は明と断交し、清の朝貢国となった。

ホンタイジには五人の皇后があったが、五人ともモンゴル人であった。一六四三年にホンタイジが死ぬと、モンゴル人の皇后から生まれたフリンがあとを継いだ。これが清の世祖順治帝《じゅんちてい》である。

そのころ、万里の長城の南の明では、各地で反乱が勃発していた。反乱がはじまったのは陝西《せんせい》省の、のちに中国共産党の根拠地となった延安《えんあん》の近くである。もともとこの地方は明の最前線で、辺境防衛の兵隊が多く、国家が経営する通信交通運輸システムである駅站《えきたん》の人夫も多かった。ところが、このころになると、軍隊の給料が三十カ月分も遅配になったり、駅站が減らされて失業者が多く出て、盗賊になる者がふえた。そこに一六二八年に大飢饉が起こり、飢民《きみん》があふれた。これらの人びとが生きていくために集団を組んで、流《る》賊《ぞく》となったのである。

明では、清との戦争によって毎年軍事費がかさむ一方、さらには流賊の討伐のために経費が必要になり、全国に地租の付加税をかけた。増税につぐ増税のために、暴動は全国に拡がり、流賊は、陝西、山西から、河南、河北、湖北、四川の各地に拡大していった。

陝西出身の流賊の一人李自成《りじせい》は、各地を転戦したあと陝西にもどり、西安を占領してこれを西京《せいけい》と改称し、国を大順《たいじゅん》と号して、一六四四年に北京に攻め寄せた。明の最後の皇帝、崇禎帝《すうていてい》は、紫禁城《しきんじょう》の裏手の万歳山《ばんざいざん》（景山）で、みずから頸《くび》をくくって死んだ。

このとき山海関《さんかいかん》で満洲人に対する防衛にあたっていた明の将軍呉三桂《ごさんけい》は、救援にかけつける途中で北京陥落の知らせを聞き、ひきかえして、いままで敵であった満洲人に援助を求めたのである。当時、清の順治帝はまだ七歳で、ヌルハチの十四男ドルゴンが摂政となって政治の実権を握っていた。ドルゴンは、ただちに呉三桂の提案を受け入れ、清の全軍をあげて山海関に進撃した。

北京を占領していた李自成は、急いで自分の兵を率いて山海関に押し寄せたが、呉三桂軍と清軍の連合軍に大敗した。李自成は北京に逃げ帰り、紫禁城の宮殿で即位して皇帝を名乗っておいてから宮殿に火を放ち、掠奪した金銀を荷車に満載して北京を脱出し、西安に向かった。清軍は、今度は北方のモンゴル高原を通って陝西に南下したので、李自成は西安からも逃げ、流賊に逆もどりしたあげく、一六四五年に湖北の山中で農民の自警団に殺された。

ドルゴンは兵を率いて北京に入城し、瀋陽から順治帝を迎えて紫禁城の玉座に就けた。こうして、清朝の建国から八年経った一六四四年に明朝がほろび、清朝の中国支配がはじまったのである。

「満洲人」すなわち「旗人」

一六四四年、清朝は都を瀋陽から北京に移し、順治帝が北京の紫禁城に移ると、満洲人もぞくぞくと山海関を越えて中国へ進出した。それまで住んでいた漢人を外城に追い出して、満洲人の大部分は紫禁城をとりまく北京の内城に居住した。これを「禁旅八旗《きんりよはつき》」という。日本の江戸幕府でいうなら「旗本《はたもと》」で、首都防衛をその任務とした。その他の満洲人は、北京の周辺をはじめ、南京、西安、成都など中国各省の要地に配置された。これを「駐防《ちゆうぼう》八旗」という。

ここで「八旗」の説明をしよう。ヌルハチは女直人を統合する過程で、三百人を一ニル（矢という意味）とする組織に編成した。五ニルを一ジャラン（節）とし、五ジャランを一グサとした。つまり一グサは七千五百人の兵士から成る。この「グサ」と満洲語で呼ばれる集団は、明がかれらを懐柔するためにあたえた「衛」と、おおむね対応している。

このグサは、ヌルハチが最初に建州女直を統一したときは四つで、旗の色を黄色、白色、紅色、藍色に分けて区別していたが、ヌルハチが後金国ハンの位に就くころには、併合した部族がふえて八つになっていた。これが「八旗」である。旗の色は四つのまま、ふちどりのないものを正、あるものを鑲《じょう》をつけて呼ぶことになった。

八旗制の基本単位はニルで、ニルごとに決められた数の兵士や人夫を出し、軍備や食糧を負担した。ニル、ジャラン、グサにはそれぞれ長がいたほか、「ホショのベイレ」といって、グサを掌握する封建領主のようなものが存在した。このころには、「グサ」という満洲語を「旗」と漢字でうつすようになる。旗は、部族のようなものである。

後金国改め清朝の第二代皇帝ホンタイジは、モンゴルの領主から離れて来帰したモンゴル人や高麗系漢人を、「蒙古八旗」や「漢軍八旗」に編成し、本来のものを「満洲八旗」と呼んだ。八旗に所属するモンゴル人や漢人は、満洲人と同じく「旗人」と呼ばれ、出身に関係なく、清朝一代の間、行政上は満洲人としてあつかわれた。朝鮮人やロシア人のなかにも、八旗に組み込まれて満洲人となった人びとがいた。つまり、満洲人は全員が旗人であって、八旗は軍事制度であるとともに行政制度でもあったのである。

ところで、チャイナ・ドレスのことを、現代中国語では「旗袍（チーパオ）」という。これは、支配階級の満洲人の衣服であったものを、一九一二年に清朝がほろびたあと、一般の中国人がまねをして取り入れたデザインだから、こういうのである。

中華人民共和国になってから、北京の城壁はすべて取り払われて、幅の広い道路になったが、もとの城内は、だいたい天壇公園から北が外城、北京中央駅の線から北が内城であった。内城のまんなかに、紫禁城が南北にのびている。いまはなくなってしまったけれども、紫禁城の周囲に、もとは皇城という紅い色の城壁があった。

北京の内城の市街は、紫禁城・皇城で東西に分かれ、東西の市街はそれぞれ四つずつの区画に仕切られて、清朝時代、それらの区画は、それぞれ満洲人の「八旗」の一つの兵営になっていた。もちろん家族といっしょに住むのである。北京の「胡同（フートン）」と呼ばれる古い市街地は、この八旗の居住区だった。

清朝時代の満洲

一六四四年の順治帝の北京移住（清の入関という）にともない、満洲人もぞくぞくと華北に移住したため、遼東と遼西は人口が減少した。清朝は満洲人をこの地に呼びもどし、土地を開墾することを奨励するとともに、一六五三年には遼東招民開墾例を出して、中国内地から農民を入植させようとした。百名招募した者には知県または守備の職をあたえるという優遇策であったが、効果がなかったために、一六八三年に廃止された。

清朝時代の満洲は、特別の行政区域として軍政下にあった。都を北京に移したあと、盛京《せいけい》（瀋陽）にアンバン・ジャンギン（総管）が置かれ、ついで寧古塔《ニングタ》（牡丹江上流）にも置かれた。盛京の総管は一六六二年に遼東将軍と改められ、さらに奉天《ほうてん》将軍と改称された。

一六八三年には黒龍江岸の愛琿《アイグン》に黒龍江将軍が置かれ、七年後に嫩江岸の墨爾根《メルゲン》に移り、ついで斉斉哈爾《チチハル》に移った。寧古塔将軍は松花江岸の吉林に移され、十八世紀なかばには吉林将軍と呼ばれるようになった。こうして満洲は、一九〇七年まで、奉天、吉林、黒龍江の三将軍によって管轄されたのである。

将軍の下には副都統以下の官が置かれ、八旗兵を率いて要地を駐防した。清の皇室の祖先の陵墓にも総管が置かれて守護にあたった。「駐防八旗」の旗人には旗地を支給し、開墾させた。このほか満洲には諸官庁に属する荘園である官荘も多くあり、皇室専用の狩猟地である囲場《いじょう》や、朝鮮人参を採集する山場《さんじょう》には、一般人は立ち入り禁止であった。

十七世紀後半には、満洲人の土地を保護し、西はモンゴルとの境界を画し、東は朝鮮人の侵入を防止するために、明代にあった辺牆よりさらに外側に柳条辺牆《りゅうじょうへんしょう》が築かれた。また、朝鮮人の満洲への越境問題が絶えなかったので、清の康熙帝《こうきてい》は長白山を探査させ、一七一二年にそこに定界碑を立てて、鴨緑江と豆満江を清と朝鮮の国境とさだめた。

先に述べたように、満洲人はすべて八旗に所属し、軍人として国家から給料をもらい、旗地が支給された。さらに官僚となる機会もあたえられたが、一般の職業に従事することは許されなかった。満洲人の人口が増加すると軍人の定員も増したが、やがてポストがなくなり、給料をもらえない者が多数出てきた。売買を禁止されていた旗地も、いつしか漢人に売り渡され、旗地からの収入を失う満洲人もふえた。

そこで乾隆《けんりゅう》時代のはじめ、北京在住の無職の旗人を満洲へ帰農させる計画を立て、一七四四年にハルビンの南に満洲旗人一千名を移した。さらに一七五六～五九年に毎年五百戸、すべてで二千戸の満洲人が北京から拉林《ラリン》に移墾した。ところが、脱走して逃げ帰る者が続出したため、一七六九年にはこの移墾をやめてしまった。

一方、漢人に対しては、一七四〇年に満洲への流入を阻止する封禁令《ふうきんれい》を出した。すでに流入した漢人で奉天府に入籍を希望する者は保証を立てて許すが、希望しない者は今後十年間に原籍地にもどす、というものである。しかし、禁令にもかかわらず、その後も河北や山東方面から飢民が流入し、満洲人にとっても一定の労働力を必要としたため、一七六一年には、商人や職人や単身の労働者の奉天居住をとくに許すことになった。

十八世紀末になると中国内地の人口が増加し、南方の遼河下流域だけでなく、北方の松花江流域にも漢人が進出した。もともとモンゴル人の遊牧地だった松花江西岸にも漢人が流入した。十九世紀後半には黒龍江将軍管轄の地方にも漢人が流入し、ハルビン北部の呼《フ》蘭《ラン》平野の開発がはじまった。また清初以来、無人の地帯だった鴨緑江右岸の土地に漢人が流入し、開墾が進んだので、一八六七年、清はこの地域を開放した。

このあとの話は、第七章ですることになる。

第五章　ロシアの南進と日露関係

——ロシアが奪うアムール北岸と沿海州

モンゴル帝国を継承したロシア

さて本章では、日本と満洲を争うことになるロシアについて、ふたたび歴史をさかのぼって概観することにしたい。肝心の満洲帝国になかなかいたらないが、二十世紀の日露戦争を理解するためには、ロシア史の知識が必要だからである。

「ロシア」の起源となった「ルーシ」とは、もともとスカンディナヴィアのノルマン人を指すことばで、九世紀にルーシのリューリク三兄弟がノヴゴロドやキエフの町を支配したのが、ロシアのはじまりである。人口で大多数の東スラヴ人は、森林を切り開いて農耕をおこなう民だった。

ノルマン人がロシアの支配者になったのは、バルト海からドニエプル河を経て黒海へ、またヴォルガ河を経てカスピ海に出る交易路を押さえたからで、ロシアの町はビザンツやイスラム商人と毛皮や奴隷を交易する拠点として発展した。

十三世紀にモンゴル軍が侵入したとき、ルーシはリューリク家の公たちが抗争し、諸都市も対立関係にあった。ルーシの各公と各都市とロシア正教会は、チンギス・ハーンの孫バトゥ一族の支配を完全に受け入れ、ヴォルガ河畔の移動式の大天幕に住むモンゴルの遊牧王権を「黄金のオルド（帳殿）」と呼んだ。

リューリク家の諸侯はチンギス家の皇女たちと競って婚姻を結び、ハーンの娘婿としての特権を享受した。ロシア正教会も、実際にはモンゴル人の保護を受けて発展したのである。これ以後の数百年間のモンゴルによる支配を「タタール（ロシアはモンゴル人をこう呼んだ）の軛《くびき》」といい、「アジアの野蛮人による圧制のもとで、人びとは苦しんだ」と喧伝《けんでん》したのはロマノフ朝時代になってからで、十九世紀に愛国主義的なロシア国民学派の歴史家がロシア史を書き換えたのである。

「黄金のオルド」はロシア史上はじめて戸口調査を実施し、駅伝を監督し税金を徴収する代官を置いた。モンゴル軍がロシアに侵入した一二三七年にはモスクワは小さな砦だったらしく、名前すら登場しない。

ところが、モスクワ市は「黄金のオルド」のもとで徴税を請け負って発展し、一三二八年には、モスクワ公イヴァン一世がオズベク・ハーンから大公の位を授けられた。一三九年には、モスクワは十七のトゥム（トゥメン＝万人隊）をもつ大公国になっていた。

やがて十四世紀後半に、「黄金のオルド」でハーン位の継承争いが起こった。チンギス・

ハーンの別の子孫である中央アジアのチャガタイ家の家臣出身のティムールが、この継承争いに干渉してロシア各地を攻めた。「黄金のオルド」はこれによって弱体化し、十五世紀にはふたたび宗主権争いを起こして、大オルド、クリミア、カザン、アストラハンの各王家に分裂したのである。

ロシア史の定説で「黄金のオルド」が滅亡したといわれる一五〇二年は、実際には大オルドのハーン位がクリミア王家に移ったのであって、一七八三年にロシアのイェカテリナ二世にほろぼされるまで、クリミアのハーン家は存続した。

モスクワ大公イヴァン三世は、「黄金のオルド」の宗主権争いを巧みに利用し、いわゆる大オルド最後のハーンの一族を保護し、モスクワ東南のカシモフに領地をあたえた。その子孫はモスクワ大公側近の騎馬軍団となったのである。

一五五二年、イヴァン三世の孫イヴァン四世(雷帝)は、カザン・ハーン家の内紛につけこみ、カザン入城を果たした。イヴァン四世は、一五五六年にはヴォルガ河下流域のアストラハン・ハーン国をほろぼしたということになっている。しかし、このときロシアは交易の拠点の町を獲得しただけであって、アストラハンのハーン一族は中央アジアのブハラに移動し、この地の新たな支配者となったのである。

一五七五年、イヴァン四世は「最後の大ハーン」アフメドの曾孫をツァーリ（ロシア皇帝）の位に就け、自分はこれに臣事《しんじ》して、翌年あらためて彼から譲位を受けてツァーリとなった。これでモスクワ大公は「黄金のオルド」の継承者の一人となり、ロシア皇帝はこれ以後、モンゴル人から「白いハーン」（チャガン・ハーン）と呼ばれることになった。

ロシアのシベリア進出

ロシアのシベリア支配は、一五八一年、コサックのイェルマクがシビルの町を占領したときにはじまる。シビルは、ウラル山脈を東に越えてまもなくのところにあった町であるが、ここから東方に拡がる大地が、のちにすべてシベリアと呼ばれることになった。

シビルの町を支配していたのは、チンギス・ハーンの長男ジョチの後裔だった。イェルマク自身は、シビル・ハーン・クチュムの反撃を受けて、一五八四年にイルティシュ河畔で戦死した。しかし、かれの部下のコサック（ロシア語ではカザーク）集団は、その後も東方に進みつづけた。

コサックはロシア史の定説ではウクライナの逃亡農奴といわれるが、かれらはアタマン

(トルコ語で百人隊長)と呼ぶ首領を選出し、自立的軍事共同体(ソートニャ)を形成して、曠野《こうや》で人馬一体の生活を送っていた。語源は中央アジアのカザフと同じで、トルコ語で「自分の部族から分離して自由行動をとった人びと、冒険者の生活を営むにいたった者」という意味である。おそらく「黄金のオルド」が分裂したあと、ジョチ家の支配から離れてロシア正教徒になった遊牧民集団が、コサックの起源だろう。

一六〇四年にトムスクを建てたあと、コサックたちはタイガ地帯とツンドラ地帯をものすごいスピードで東に進み、一六三八～三九年には太平洋岸に達した。ウラル山脈を越えてからオホーツク海に達するまで、たった六十年しかかかっていない。

ロシアのシベリア併合と呼ばれるものの実態は、まずコサックたちの小集団が河岸に冬営地をつくり、自分たちも狩猟をしたり毛皮を買い集めたりするうち、まわりの土着民から強制的に毛皮を貢納させるようになる。こうして既成事実ができると、この砦とか要塞(オストログ)と呼ばれるものがモスクワの行政組織に組み入れられ、都市が建設され、農民や手工業者や商人が移住し、知事(ヴォエヴォダ、軍政官と訳すほうが正しい)が乗り込んでくるのである。

ネルチンスク条約にいたる露清関係

黒龍江（アムール河）にはじめてロシア人がやってきたのは、一六四四年、北方のヤクーツクからだった。一六四九年にやってきたE・ハバロフは、モンゴル系のダグール人の町を焼き払い、手当たりしだいに掠奪して毛皮税（ヤサク）をかき集めた。先住民の要請を受けて、一六五二年、清の駐防寧古塔章京《ニングタ・ジャンギン》（長官）がハバロフの砦を攻撃したが惨敗した。これが清とロシアの最初の戦争である。

これまで説明してきたように、清朝を建てた満洲人は、古くは黒龍江下流にいた黒水靺鞨が南下して女直となり、満洲人となったので、黒龍江地方に住むトゥングース系の人びととはことばも近かった。黒龍江沿岸はたいへん住みよいところで、穀物がとれ、家畜も多く、森林には貴重な毛皮獣が棲み、山からは銀の鉱石が採掘され、河には魚類がまるで河岸に自分からよじ登ってくるほどたくさんいたという。

それだけでなく、松花江から黒龍江に出るルートは古来、重要な交通路だったので、元朝は、黒龍江口近くのアムグン河の河口に東征元帥府を設けたし、明朝でも、同じ場所に奴児干《ヌルガン》都司を置いた。しかし、明の勢いが衰えたあと、黒龍江・松花江・ウスリー江一帯の諸部族らは自立の状態となっていた。

一六二六年、ホンタイジ（清の太宗）が即位したあと、この地方に何度か征討軍を送り、壮丁《そうてい》（若い男性）を一千人単位で連れ帰って八旗に編入した。現地に残った人びとは清に朝貢するようになったが、住民の人口は各部で一万人を超すものはなかった。

一六五三年、ハバロフは乱暴狼藉《ろうぜき》のために解任されて、モスクワに送還された。遠征隊の一員で、その後任となったステパノフは、船団を組んで黒龍江・松花江・ウスリー江一帯の先住民から毛皮税や食糧をとってまわったが、一六五六年には黒龍江の上流から中流にかけては無人地帯になっていたという。清朝が人びとを南に移住させたのである。清は勅令を発して朝鮮にも援軍を命じ、一六五八年にステパノフ軍を壊滅させた。さらに、黒龍江下流にも遠征軍を送り、いったんは黒龍江からロシア人すべてを追い出したかにみえた。

ロシア人は今度は、ザバイカリエ（バイカル湖の東）から黒龍江地方にやってきた。一六五四年にネルチンスク要塞が建設され、一六五六年には、ザバイカリエと黒龍江地方をあわせた行政区ダウリヤの知事がこの地に置かれた。

ザバイカリエは、モンゴル系のブリヤート人とトゥングース系のエヴェンキ人が住んでいたが、一六六五年にはセレンギンスク、六六年にはのちにウェルフネウジンスクとなるウダの冬営地が建設された。ブリヤート人は、もともとハルハ・モンゴル人に貢納していたので、ハルハの領主たちはロシアに抗議した。

ハルハ・モンゴル人は現在のモンゴル国の住民で、ブリヤート人はロシア連邦ブリヤート共和国の住民である。どちらもモンゴル人であるが、北方のブリヤートはこうして十七世紀にロシアに併合され、一方、南のハルハは清朝の支配下に入ったのである。

一六六〇年代後半にザバイカリエから黒龍江地方に移住してくるロシア人がふえ、一六八〇年代のはじめには、アルバジンを中心として農地一千ヘクタール、成年男子人口八百名、婦女子数百名になった。ロシア人はさらに、黒龍江支流のゼーヤ河流域の開拓をはじめた。

清の康熙帝は、南方の三藩の乱を片づけた一六八一年、アルバジンに抗議をおこない、ロシアとの間でチチハル会談を開いた。翌年にはみずから満洲の地を巡幸《じゅんこう》し、部下にネルチンスクとアルバジン方面を偵察させた。一六八三年にはゼーヤ河流域のロシアの要塞を一掃し、一六八五年にアルバジンを攻撃させた。ハルハ・モンゴル軍も清軍に呼応して、セレンギンスクとウジンスクを囲んだ。

これがロシアと清の「六年戦争」で、ロシアのピョートル大帝が親政に入る直前の一六八九年、ロシアと清の間に結ばれたネルチンスク条約では、清の主張どおり、黒龍江のはるか北方に露清の国境線が確定したのである。

清朝の最大領土

一六四四年に中国支配をはじめた清の順治《じゅんち》帝の息子が康熙《こうき》帝、その息子が雍正《ようせい》帝、その息子が乾隆《けんりゅう》帝である。この康熙・雍正・乾隆時代（一六六二〜一七九五）が清の最盛期であった。

康熙帝は一六八三年、台湾を征服し、一六八九年、ネルチンスク条約でロシア人をアムール河から閉め出した。一六九六年にはゴビ砂漠の北のモンゴル高原に親征して、西モンゴル（オイラト）のジューンガル部長ガルダン・ハーンを破り、現モンゴル国の東半分を支配下に入れて、キャフタでもロシアと接することになった。康熙帝はまた一七二〇年にジューンガル軍をチベットから駆逐《くちく》し、チベットを保護下に入れた。

清朝の最大版図と藩部

岡田英弘『だれが中国をつくったか』（PHP新書）より作成

ところで、「最後の遊牧帝国」と呼ばれるジューンガルは、モンゴル系遊牧民の部族連合であった。オイラトと総称される西モンゴル人は、新疆北部のジュンガル盆地を中心としてモンゴル西部からカザフスタンにかけて遊牧していたが、十七世紀後半にジューンガル部長ガルダンが盟主になると、中央アジアのオアシス諸都市を支配下に入れて、大帝国となった。

連合の一員であるホシュート部は青海に進軍し、ダライ・ラマ政権を支持してチベット王の称号をあたえられた。また、トルグート部はヴォルガ河畔に移住し、ロシアと同盟しながら、その地の支配者となった。かれらは全員チベット仏教徒であり、部族長はライバルどうしであったために、一七一七年、ジューンガル軍が中央アジアから進軍してホシュートをおそい、チベットのラサを占領したのである。

ジューンガルは最後には継承争いのために分裂し、乾隆帝は一七五五年、大軍をイリに派遣して、これをほろぼした。ジューンガルの支配下にあったタリム盆地のオアシス諸都市は一七五九年に清朝に降った。こうして、清の支配圏は最大となった。

しかし、この時代はまだ国民国家以前である。清朝皇帝は、漢人の皇帝であるとともに、満洲人の八旗連合の議長であり、モンゴル人のハーンであり、チベット仏教の大施主《だいせしゅ》であり、イスラム教徒の保護者であった。清帝国の本質は、これら五大種族の同君連合であって、種族ごとに使用言語が異なるだけでなく、別々の法典が適用された。モンゴルとチベットと新疆は藩部として理藩院《りはんいん》の統治下にあり、清朝一代を通じて、藩部とのやりとりはすべて満洲語でおこなわれた。

ヨーロッパ列強の進出

現代の中華人民共和国の公式の歴史では、一八四〇年のアヘン戦争によって「半植民地」の「近代」がはじまり、それ以前は、秦・漢帝国以来「封建社会」の「古代」だったと時代区分する。このような中国の近現代史観がつくりだされたのは、日本との戦争の最中の一九四〇年代で、中国の近代化に果たした日本の影響を認めたくない中国共産党指導部、つまり毛沢東が、西欧の衝撃を受けて「近代」がはじまったという歴史をつくりだしたのである。

アヘンは、十七世紀オランダ支配下のジャワ島から台湾に伝わり、マラリヤの特効薬としてタバコに混ぜて吸飲した。一七二九年、雍正帝がアヘン禁止令を出したときには、ポルトガル商人が年間百箱を清に売っていた。一箱六十キログラムのアヘンは、中毒者百人が一年間に吸飲する量に相当するといわれ、百箱だと約一万人の中毒者がいたことになる。

ところが十八世紀末になると、イギリスの東インド会社が取り扱うベンガル・アヘンの中国への年間流入量は四千箱となった。四十万人が中毒者という計算になる。イギリスでは中国茶が必需品となり、中国に対して輸入超過の片貿易となったイギリスが、禁制品であることを承知のうえでインド産のアヘンを清に売っていたのである。

一八三八年には、四万箱が清に輸入された。これは四百万人分で、当時の清朝の人口がほぼ四億人として、百人に一人が中毒者となる計算である。清の道光帝《どうこうてい》は、アヘン貿易の禁絶を断行しようとして、林則徐《りんそくじょ》を欽差《きんさ》大臣（特命全権大臣）に任命した。一八三九年に着任した林則徐は、広州の商人たちから二万箱のアヘンを没収し、二十日余りかけて塩水・石灰と混ぜて焼却した。

イギリスの貿易監督官チャールズ・エリオットは、イギリス人の生命と財産が危険にさらされていると外相に伝え、一八四〇年、かれのいとこのジョージ・エリオット率いる軍艦十六隻、輸送船・病院船三十二隻、陸兵四千で広東海口を封鎖し、廈門《アモイ》を攻撃したのが、アヘン戦争のはじまりである。

道光帝は一八四一年一月、イギリスに対して宣戦布告の上諭《じょうゆ》を発した。イギリス軍は、一八四二年五月に軍艦二十五隻で上海を占領し、揚子江（長江）をさかのぼって鎮江《ちんこう》を取り、南京《ナンキン》城に向けて砲列を敷いた。ついに敗北を認めた清朝は、八月に南京条約を結んだ。全十三条のおもな内容は、一、香港《ホンコン》をイギリスに割譲、二、焼却したアヘンその他の賠償金として二千百万メキシコドルを支払う（これは清朝の年間歳入の三分の一以上であった）、三、広東《カントン》・厦門《アモイ》・揚州・寧波《ニンポー》・上海《シャンハイ》を開港する、というものである。

しかし実際には清朝は、この後もイギリスを「英夷《えいい》」と呼び、朝貢国の一つとみなしていた。アヘン戦争の影響を強く受けたのは、じつは幕末の日本のほうだった。徳川幕府は長崎と琉球を通じてアヘン戦争に関する正確な情報を入手し、清朝の敗北を知って、それまでの強硬な対外姿勢を柔軟なものに転換した。開明派大名や志士たちの海防論議も、これから盛んになるのである。

イギリスはその後、アロー号事件を発端として、一八五七年、英仏連合軍で広州を占領する第二次アヘン戦争を起こした。一八五八年、清朝は英仏米露との間に天津条約を結び、さらに一八六〇年には英仏連合軍が北京の円明園を廃墟にして、北京条約が結ばれた。

ロシアの黒龍江進出

清朝がこのように南方で英仏の圧力を受けていた間に、もっとも利益を得たのはロシアであった。一六八九年のネルチンスク条約で黒龍江（アムール河）から閉め出されたロシアは、カムチャトカから北アメリカに進出していった。十九世紀はじめまでサハリン島は半島と考えられており、黒龍江の河口は浅瀬で、海へ出入りできないとされていた。

黒龍江にロシアの船を航行させたいという希望はすでに十八世紀からあったが、清に拒絶されていた。あきらめきれないロシアのニコライ一世は、一八四七年にムラビヨフを東シベリア総督に任命し、現地調査をさせた。軍用船バイカル号は、サハリンは半島ではなく島であり、黒龍江口も海から出入りできることを確認し、一八五〇年に河口から三十五露里（一露里＝一〇六七メートル）さかのぼった地にニコラエフスク哨所《しょうしょ》を設けた。ロシア国内の反対意見に対して、ニコライ一世は「ひとたびロシア国旗を掲げた以上は、決してこれを撤去してはいけない」と勅語を下したのである。

一八五三年十一月、ロシアとトルコが開戦すると、翌年三月、英仏がトルコ側に立ってロシアに宣戦布告し、クリミア戦争がはじまった。英仏海軍がアジアのロシア領を攻撃するかもしれないと考えたロシアは、軍隊輸送について清から許可のないまま、一千人の兵を載せた船団をシルカ河から出発させ、黒龍江の下流まで航行し沿岸に植民をおこなったが、一八五一年にはじまった太平天国の乱に忙殺されていた清朝はこれを黙認してしまった。

実際に一八五四年と五五年に、英仏艦隊はカムチャトカに上陸した。一八五六年にクリミア戦争が終結すると、イギリスの脅威はなくなったが、ムラビヨフはさらに黒龍江占領の政策を推進していった。一八五五年には三千人、五六年には一千六百人と黒龍江沿岸に植民を進め、五七年にはアムール州と沿海州を設置し、事実上この地域をロシア領にしてしまった。

一八五八年、愛琿で清とロシアの国境画定会議が開かれたとき、ロシア側は黒龍江をイギリスから守るために、黒龍江左岸の地とウスリー江右岸の地をロシア領として認めるように要求した。碇泊中のロシア軍艦からは銃砲が乱射され、調印しなければロシアは武力をもって黒龍江左岸の満洲人を追い払うと脅迫したので、ついに清朝側の満洲大臣奕山《イシャン》らは屈服した。こうしてロシアは黒龍江の北の六十万平方キロの地域を獲得したのである。

ロシアの満洲進出

ロシア語と満洲語とモンゴル語で書かれた愛琿条約の要点は、一、アルグン河から黒龍江の海口にいたる左岸はロシア領、ウスリー（烏蘇里）江にいたる右岸は清領、ウスリー江から海までの右岸（沿海州）は両国の境界が決定されるまでは共有地とする。二、黒龍江、松花江、ウスリー江を航行してよいのは露清の船舶だけである。三、両国人民はお互い貿易してもよい、などである。

このときになぜこれほど広大な地域がロシア領になったのかという問題であるが、ロシアとしては、黒龍江の地はもともとロシア領だったのに、ネルチンスク会議で清の圧力に屈して譲ってしまったと考えていた。一方の清国は、英仏と戦って敗北を喫したばかりで、ロシアと戦う余力はなかったうえ、清の全権である満洲大臣たちが、ネルチンスク条約にある未画定国境の河や山について知識がなく、松花江が黒龍江の本流であるとさえ思っていたからである。清国政府は愛琿条約を承認する代わりに、ロシアのプチャーチンに英仏との交渉の斡旋《あっせん》を頼むというだらしなさであった。

一八五八年、清国は英仏米露と天津条約を結び、ロシアは清から海路貿易の権利と最恵国としての特権と治外法権も得た。ところが、まもなく清で主戦派が台頭し、一八五九年には大沽《ターク－》の砲台から英仏の全権使節を攻撃してしまった。翌一八六〇年、増強された英仏軍は大沽の砲台を攻め落とし、主戦派の皇帝らが熱河に避難したあとの北京に入り、円明園を掠奪して焼き払った。

和平派の恭親王はロシアのイグナーチェフに対して、英仏と講和が締結されたあかつきにはロシアの条件を全部呑《の》むからと斡旋を頼み、清と英仏の間で北京条約が締結された。一八六〇年十一月、清は約束どおりロシアと天津条約追加条約の調印をしたが、これをふつう北京条約と呼ぶ。

このとき、ウスリー江東岸から日本海にいたる四十万平方キロがロシアのものとなった。これが沿海州である。西方のモンゴル系遊牧民が住む草原においても、ロシアはひじょうに巧みに、自国に有利な国境線を画定したのであった。ロシアはこれからあと、清国に対する軍事援助までおこなうようになるのである。

かつてムラビヨフは、征服した地を永久にロシアの領土とするため、シベリアの流刑囚を組織し、こう励ましたという。「行けわが子らよ、行って自由の民となれ。土地を耕し、それをロシアの土となし、新しき生涯をはじめよ」。

初期の日露関係

本章を終えるにあたって、十九世紀にいたる日本とロシアの関係を概観しておきたい。

ロシア人と日本人の出会いを示す最古の記録は、一六九六年にカムチャトカ半島南部に漂流した大坂商船である。これからあとも、ロシアに流れ着いた日本人漂流民は江戸幕府の鎖国政策のため帰国できず、ロシアに留まって日本語の教師となった。すでに千島列島の占領に乗り出していたロシアは、一七三九年には日本の関東沿海にロシア船を派遣したため、幕府が海防をきびしくおこなうことになった。

一七九二年、ロシア使節ラクスマンは、漂流民であった伊勢白子の大黒屋光太夫《だいこくやこうだゆう》を護送して根室に来航し、通商を求めた。翌一七九三年、目付石川忠房が松前でラクスマンに会い、長崎入港の信牌《しんぱい》をあたえて帰帆させた。

一七九七年、ロシア人がエトロフ（択捉）島に上陸すると、翌一七九八年、近藤重蔵がエトロフに「大日本恵土呂府《えとろふ》」の標注を建て、さらに一七九九年には高田屋嘉兵衛が箱館・エトロフ航路を開いた。近藤の時代にはまだ樺太は半島であると考えられていた。

一八〇四年、ロシア使節レザーノフが仙台の漂流民を護送して長崎に来航し、貿易を求めたが拒否され、翌年退去した。このため一八〇六〜〇七年にはレザーノフの部下たちが樺太とエトロフを襲撃したのである。

間宮林蔵がアムールを探検調査したのは一八〇九〜一〇年である。このとき樺太が島であることが確認されたので、樺太と大陸の間の海峡には「間宮海峡」と名がついた。この発見は、シーボルトが国禁を犯して持ち出し、一八三二年にオランダで刊行した著書『ニッポン』の附図「日本辺界略図」にはっきり示されている。

一八一一年、松前奉行配下の者がロシア艦長ゴローヴニンをクナシリ（国後）で捕らえた。それに対して翌一八一二年、副艦長であったリコルドは高田屋嘉兵衛をクナシリ海上で捕らえた。一八一三年、リコルドと高田屋嘉兵衛の努力で、ゴローヴニンは釈放された。一八一六年に刊行されたゴローヴニンの『日本幽囚記』は、一八二五年にオランダ語版から日本語訳された。その後もロシアは何度も日本人漂流民を送還して通商を求めたが、日本は拒否しつづけたのである。

一八五三年にペリーが黒船四隻で浦賀に来航した同年、ロシア極東艦隊司令官プチャーチンが長崎に来航した。翌一八五四年、プチャーチンと川路聖謨《かわじとしあきら》らが下田で日露和親条約を結び、千島列島（クリル諸島）のなかのエトロフ島とウルップ島の間を日露の国境と画定し、樺太は日露共有の雑居地とした。

一八五八年、ロシアがアイグン条約で清からアムール河北方を獲得したあと、日露修好通商条約が結ばれた。翌一八五九年、東シベリア総督ムラビヨフが品川沖に来航し、樺太はロシア領であると主張したが、幕府はこれを拒否した。

一八六一年、ロシア艦ポサドニックが対馬《つしま》に来航し、尾崎浦に国旗を立て、兵舎をつくって、半年間駐兵するという事件が起こった。これに対してイギリス艦が対馬に赴き、ロシア艦の退去を要求したので、ロシアの軍艦は八月にようやく退去した。

一八六八年の明治維新のあと、日本は一八七一年に副島種臣《そえじまたねおみ》をロシアに派遣し、樺太境界を協議させた。一八七四年には榎本武揚《えのもとたけあき》が特命全権公使としてペテルブルグに赴いた。

一八七五年、日本とロシアは樺太・千島交換条約に調印した。このとき、日本は樺太（サハリン）に対する権利をロシアへ譲渡する代わりに、ウルップ以北のクリル諸島十八島がロシアから日本に譲渡され、全千島列島が日本領となったのである。

第六章

日本の大陸進出——日清・日露戦争

——近代化できない清国・朝鮮にロシアの触手が……

国民国家を生み出したアメリカ独立とフランス革命

すでによく知られていることであるが、十八世紀までは、世界中のどこにも「国民国家」という政治形態はなく、あったのは君主制と自治都市だけだった。「国家」の原語「ステイト（state）」は、本来、君主の「位、身分、財産」を意味したラテン語起源のことばで、「国民」の原語「ネイション（nation）」も、「同郷の大学生の組織」を意味したラテン語起源のことばである。

十八世紀末に、北アメリカの大西洋岸のイングランド王領の十三の植民地の市民が、反乱を起こして現地の王の財産を乗っ取り、それぞれ「ステイト」または「コモンウェルス（commonwealth）」と称して、一七八九年、アメリカ合衆国（United States of America）を結成した。これが国民国家の起源である。

同年、ヴェルサイユのフランス王の宮廷とパリの市民の間に武力衝突が起こり、宮廷が負けてパリに移され、一七九三年、ルイ十六世王が処刑された。暴力で乗っ取った王の財産の所有権を正当化するために、「国民」（nation）が案出された。こうして、国民国家と民主主義（democracy）のイデオロギーが誕生した。

さらに、一七九五年のナポレオンのクーデター以後、フランス国民軍が猛威を振るったので、ヨーロッパの君主たちは生存のため国民国家体制を採用し、立憲君主制（constitutional monarchy）が生まれた。この国民国家化が、近代化（modernization）の本質である。国民国家では、国民の範囲を確定するために「国境」が引かれて「国土」が囲い込まれ、国民は「国語」と「国史」を共有することが強制される。

明治維新当時の日本は、江戸時代の鎖国政策のおかげで海外に日本人はほとんどおらず、北海道以外は国境線の内側すべてが日本人であるという、国民国家の条件にまことによくあてはまっていた。開国した日本は、無条件でこの新しいイデオロギーを取り入れることができたのである。しかし、中国大陸はそういうわけにはいかなかった。

清帝国の変質——五大種族の同君連合から国民国家への志向

もともと満洲人、モンゴル人、漢人、チベット人、イスラム教徒の五大種族の同君連合だった清帝国が、国民国家への衣替えを試みはじめたのは、アヘン戦争ではなく、そのあと十九世紀後半に起こった太平天国《たいへいてんごく》の乱と、これが引き起こしたイスラム教徒の反乱からである。

一八四〇年のアヘン戦争後、清では、キリスト教の影響を受けた洪秀全《こうしゅうぜん》を指導者とする太平天国の乱が、一八五一年から十四年間もつづいた。洪秀全は客家《ハッカ》出身で、プロテスタントの伝道書を読み、エホバ（天父上主皇上帝）の長子がキリスト（天兄）で、自分は次男であると称した。

旗揚げしたとき一万〜一万五千人だった太平軍は、一八五一年末、武昌を占領したときには兵員五十万人になっていた。一八五三年に南京を占領し、ここを首都とさだめたときの兵員は、男百八十万人、女三十万人である。客家の女は纏足しないので、女軍《じょぐん》として活躍した。一八五四〜五五年には、太平天国は三百万人になっていた。

この太平天国の反乱に対して、不慣れな南方だったせいもあるが、清の八旗兵は役に立たず、漢軍の緑営も無力であった。清朝政府は南方の有力者である地方の郷紳《きょうしん》たちに軍隊の組織を命じた。これがのちの中国の軍閥の起源となったのである。有名なものに曾国藩《そうこくはん》の湘軍《しょうぐん》、李鴻章《りこうしょう》の淮軍《わいぐん》、左宗棠《さそうとう》の楚軍《そぐん》があり、かれらは郷勇《きょうゆう》と呼ばれた。

太平天国の乱自体は内紛によって弱体化し、一八六四年、洪秀全は毒をあおいで自殺し、南京は陥落した。しかしその余党は、一八五三年に安徽省《あんき》で起こった白蓮教系の武装集団捻軍《ねんぐん》に合流した。清が捻軍を鎮圧できたのは一八六八年のことである。

太平天国の乱はまた、中央アジアのイスラム教徒の反乱も引き起こした。一八六二年、四川から陝西に侵入しようとした太平天国軍にそなえるため、回民《かいみん》までもが動員された。回民は見た目は漢人と変わらないイスラム教徒であるが、これが引き金となって長年の感情的対立があった漢人と回民が衝突し、今度は「洗回《せんかい》」と称する漢人の回民虐殺事件があちこちで発生した。漢人と回民の相互殺戮はやまず、一八六四年、クチャの回民が清朝官署を襲撃し、反乱は新疆全土におよんだ。

新疆のイスラム教徒は回民ではなく、トルコ系民族である。一八六五年に同じトルコ系のヤークーブ・ベグがコーカンド（ウズベキスタン）からやってきて、新疆の実権を握った。一八六八年、ロシア軍がタシュケントを占領すると、行き場を失ったコーカンドの武装勢力が新疆のヤークーブ・ベグのもとに流入し、一八七〇年、ヤークーブ・ベグは天山以南のほぼ全域を支配下に置いて、カシュガルに独立王国を建てた。

清朝支配層の満洲人のなかからは、遠方の新疆を放棄する案も出た。しかし、太平天国の鎮圧に功績を立てた漢人将軍左宗棠が、「新疆を取り返せなければ、モンゴルをつなぎとめられない。モンゴルをつなぎとめられなければ、清朝はおしまいだ」と主張し、一八七五年に私兵の湘軍（曾国藩から引き継いだ湖南省の漢人義勇兵）を率いて平定に向かった。清軍は一八七七年にウルムチから天山南路へ向かう峠で勝利し、ヤークーブ・ベグはコルラで急死して、十六年ぶりにイスラム教徒の反乱は鎮圧された。

清朝は新疆平定に功のあった左宗棠の意見を入れ、一八八四年に新疆省を設置し、漢人に行政を担当させた。これが藩部自治の原則を破る清帝国の変質のはじまりだった。清朝は建国以来、モンゴル人と連合して中国を統治し、チベット人とイスラム教徒を保護する建前だったのが、これから連合の相手を漢人に替え、「満漢一家」といいだす。こうして清帝国は国民国家化に踏み出したのであるが、その結果、満洲人に裏切られたと考えたモンゴル人とチベット人の離反をまねくことになったのである。

日本の開国と清国と朝鮮

日本では、一八五三年、アメリカ東インド艦隊司令官ペリーが黒船四隻を率いて浦賀に来航、翌一八五四年にアメリカ合衆国の軍事的圧迫に屈服して開国し、日米和親条約を結んだ。

日本人は内紛を乗り越えて、一八六八年に明治維新を成し遂げた。欧米列強による植民地化を避けるため、日本人は一丸となって生存のための国民国家化に踏み切り、それまでの中国文明に由来するいっさいの制度を放棄して、西欧・北米の制度に全面的に切り替えた。

一方、日本と清国《しんこく》の間では、一八七一年に全文十八条から成る平等条約である「日清修好条規」が調印された。その概要は、一、両国は相互に外交使節と領事を相手国に駐在させる、二、領事裁判権を認める、三、内地通商の禁止、四、最恵国待遇を認めない、などである。じつは七世紀の日本建国以来、日本の最高権威である天皇と中国皇帝の間に正式の国交があったことはなかった。歴史上、日本国と中国王朝との間で結ばれた、これがはじめての条約である。

ついで一八七二年、日本は琉球を琉球藩とし、国王を華族に列した。琉球王国は明《みん》代以来、中国と朝貢・冊封《さくほう》関係にあったが、一六〇九年以後は薩摩藩の支配下に入り、中国と、薩摩藩そして徳川幕府に「両属」の関係にあったのである。

これより前の一八七一年、台湾に漂着した宮古島の島民五十四名が、「生蕃《せいばん》（文明化していない先住民)」に殺害されるという事件があった。日本政府の抗議に対して、一八七三年、清朝は、台湾の「生蕃」は中国の「政教」がおよばない「化外《けがい》」に属すと述べた。これにより一八七四年、明治政府は台湾に出兵した。同年、中国駐在イギリス公使の仲介で、日清両国は互換条款《じょうかん》を決め、宮古島島民は「日本国属民」であると明記された。

朝鮮に対しては、一八七五年、日本海軍の測量船雲揚《うんよう》号が朝鮮の江華島《こうかとう》の砲台から砲撃を受けて応戦し、砲台を一時占拠するという事件があった。翌一八七六年、日本は全文十二条から成る「日朝修好条規(江華島条約)」を朝鮮と結んだ。この条約は、日本に領事裁判権を認めるなど朝鮮にとっての不平等条約であったが、同時に朝鮮が「自主の邦《くに》」であることを謳《うた》い、中国の宗主権を否定したものであった。

一八七九年、明治政府は琉球藩を廃して沖縄県を置いたが、すでに一八七五年には琉球に対して中国への朝貢を禁止し、福州琉球館も廃止していた。

一八八〇年、日本は朝鮮の首都ソウル(京城)に公使館を開設した。朝鮮が東京に公使館を開設したのは一八八八年である。

一八八二年、日本の指導下に進められていた軍制改編に不満な兵士らによる抗日暴動がソウルで発生し、日本公使館が包囲されるという事件が起こった。これにより閔《ミン》氏政権(高宗の王妃一族）が崩壊し、大院君《たいいんくん》（高宗の生父）が政権に返り咲いた。これを「壬午《じんご》の軍乱」という。清国は大規模な軍隊を派遣してソウルを占領し、閔氏政権を復活させ、大院君を天津に拉致《らち》した。日本も派兵して朝鮮政府と交渉し、日本に対する謝罪使の派遣とソウルの日本公使館護衛のための駐兵権を認めさせた。

一八八四年に、ヴェトナム（越南という漢字に由来する）の保護権をめぐって、清国とフランスの間に清仏戦争が起こった。八月、フランス艦隊は台湾の基隆《キールン》を攻撃、十月には台湾を封鎖した。

同年十二月、金玉均《きんぎょくきん》ら朝鮮の親日的な急進改革派が日本の支援を得て閔氏政権を倒して親日政権を樹立し、中国との宗属関係を否定した。しかし、袁世凱《えんせいがい》率いる清軍によって、ふたたび閔氏政権が再建され、日本公使館は焼き討ちにあい、日本人数十名が殺され、金玉均らは日本に亡命するという結果に終わった。これを「甲申《こうしん》政変」という。

一八八五年四月、伊藤博文と清国北洋大臣李鴻章《りこうしょう》が「天津条約」を締結し、両国軍隊の朝鮮からの撤兵、将来、朝鮮に派兵するさいには必ず事前に相手国に通告することをさだめた。

同年六月に、李鴻章とフランス公使とが「天津条約」を締結し、清仏戦争は終結した。

これによりフランスのヴェトナムに対する保護権が明示され、清は宗主権を放棄させられた。清仏戦争の間に台湾の重要性に気づいた清国は、それまで「化外の地」とみなしていた台湾に、この年はじめて内地なみの省を設置したのであった。

秦の始皇帝にはじまる中国の歴史において、皇帝に対する朝貢は個人的な関係であった。ヴェトナム王も朝鮮王も、中国皇帝に臣下の礼をとったが、ヴェトナムや朝鮮という国家が中国という国家の一部であったことはなかった。この隙《すき》につけこまれて、ヴェトナムがフランスの植民地になり、ヴェトナムへの宗主権を放棄させられた清国は、朝鮮を直接支配下に置こうと考えるようになったのである。

日清戦争（一八九四〜九五）

一八九四年三月、朝鮮の全羅道《ぜんらどう》で「東学」（キリスト教の「西学」に対する伝統的宗教）に率いられた農民が蜂起した。「東学党《とうがくとう》の乱」という。朝鮮政府は鎮圧のために、袁世凱に清軍の派遣を要請したので、六月に清軍が朝鮮に上陸、天津条約の取り決めどおりに通告された日本も朝鮮に派兵した。

まもなく朝鮮政府と農民は全州《ぜんしゅう》で和約を結び、農民軍が要求する改革の実行と農民軍の撤収《てっしゅう》を互いに認め合った。しかし、清も日本も撤兵せず、日本政府は七月に王宮を占領して閔氏政権を倒し、大院君をかついで親日的な内閣を組織させた。

八月一日、日清両国は宣戦布告をおこなった。九月十六日の平壌での戦いで、李鴻章が二十年来育成してきた清の北洋陸軍が壊滅、十七日には黄海の海戦で日本艦隊が決定的な勝利をおさめた。十月二十四日、日本軍は鴨緑江を渡り、十一月二十一日に旅順占領、二月には遼西に入り、翌年一月には山東半島に上陸して威海衛《いかいえい》を占領し、李鴻章率いる清の北洋艦隊は降服した。

一八九五年四月に、下関の春帆楼《しゅんぱんろう》で日清講和条約が結ばれた。清の全権大臣は李鴻章で、日本側は伊藤博文首相と陸奥宗光《むつむねみつ》外相が全権大臣であった。

この、いわゆる「下関講和条約」全十一条の概要は、以下のとおりである。一、朝鮮の独立の確認（清との宗属関係廃棄）、二、清国は遼東半島・台湾・澎湖《ほうこ》列島を日本に割譲、三、賠償金（銀二億両）の支払い、四、片務的最恵国待遇の付与、五、重慶・蘇州・杭州などの開港、六、開港場、開市場における日本人の企業経営権の承認、などである。日本が清国から獲得したこれらの諸特権は、最恵国条款によって、ほかの列強諸国もすべて共有することになった。

ところが、満洲南下を計画していたロシアは、フランスとドイツを誘って、条約批准書交換の予定地芝罘《チーフー》に軍艦を集結して武力示威をおこなった。この「三国干渉」によって、日本は遼東半島を清に返還させられた。その報酬として、ロシアは清から東清鉄道敷設《ふせつ》権を獲得し、一八九八年には旅順・大連を租借《そしゃく》した。ドイツは膠州《こうしゅう》湾を、これに対抗してイギリスも威海衛《いかいえい》・九龍《きゅうりゅう》半島を租借、一八九九年にフランスは広州湾を租借したのである。

ちなみに、九龍半島（新界）の租借は九十九年の期限だったので、一九九七年六月三十日で終わることになっていた。結局イギリスは、アヘン戦争で獲得していた香港島をあわせて、条約を結んだ当事者清国ではなく、一九九七年、中華人民共和国に主権を譲渡したのである。これを中国や日本のマスコミは「返還」と呼んだが、多くの英字新聞は「Hando-ver（譲渡）」「Transfer of sovereignty（主権移譲）」と報道したのが、印象に残っている。

さて清国は、日清戦争の敗戦の衝撃によって、これまでの中国文明の伝統を放棄し、いよいよ日本式の国民国家化に踏み切ることになった。清国は一八九六年から毎年多数の留学生を日本に送り、帰国後は科挙出身者に代えて官吏に登用した。さらに一九〇五年には、科挙の試験を正式に廃止した。一九〇六（明治三十九）年の日本への清国留学生の数は、年間八千人から九千ほどにものぼった。

ロシアによる東清鉄道の敷設

一八五八年の愛琿条約でアムール河（黒龍江）の北に拡がる六十万平方キロの土地を得て、一八六〇年の北京条約でウスリー江（烏蘇里江）東岸から日本海にいたる四十万平方キロの地域を清から奪い取ったロシアは、一八七一年に沿海州の南端ウラジヴォストークに海軍基地を建設した。

ロシア語で「ヴォストーク」は東方という意味、「ウラジ」は支配するという動詞の命令形で、この町の名は「東方を支配せよ」となる。ちなみに大連も、もともとロシアが建てた町で、「ダールニーヴォストーク（極東）」といったのが、漢字で前半分の「ダールニー」だけ「大連」とうつされたのである。

ロシアでは、一八五一年、ペテルブルグ～モスクワ間で最初の鉄道が開通した。ヨーロッパ・ロシアからウラル山脈を越えて日本海にいたるシベリア横断鉄道の計画が立てられたのは、ロシアが沿海州を獲得してまもなくであったが、工事がはじまったのは一八九一

ロシアの東清鉄道と満洲

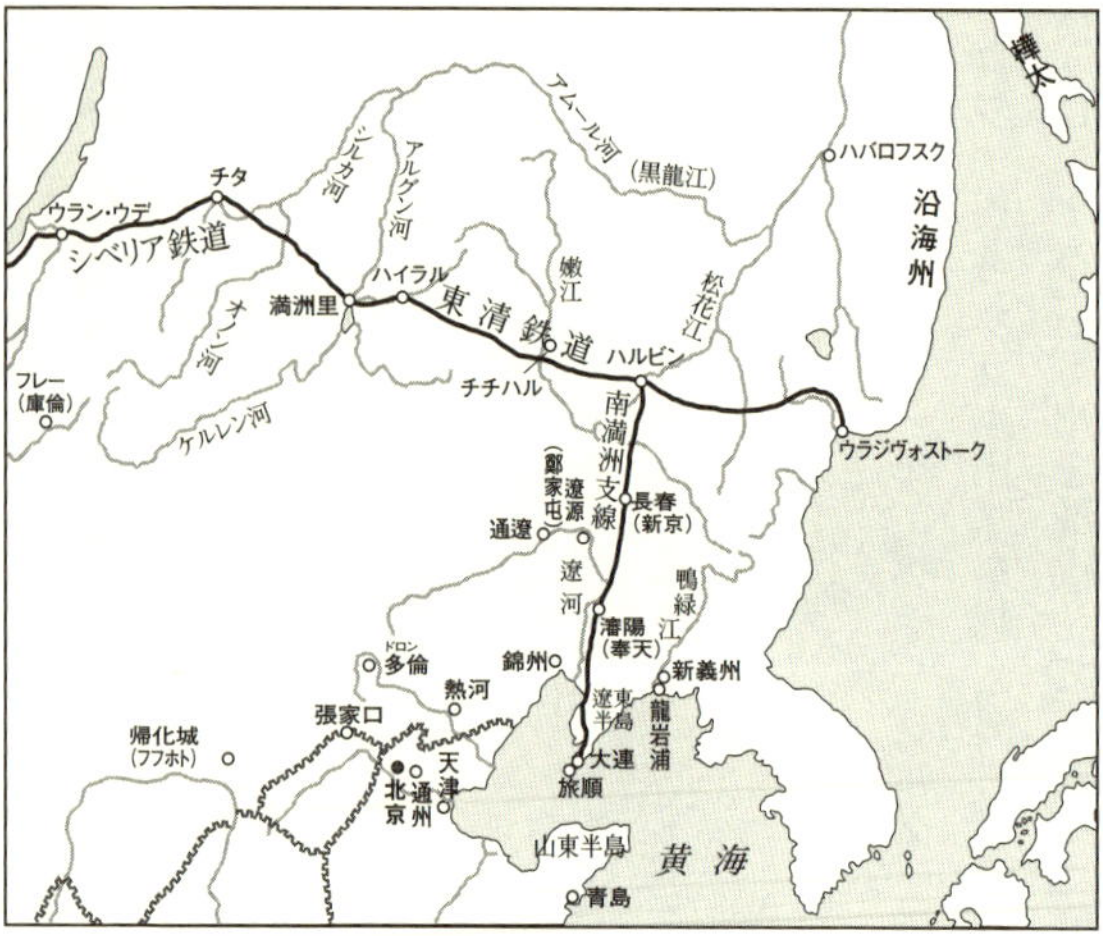

宮脇淳子『モンゴルの歴史』(刀水書房)より作成

年である。日清戦争当時には、路線はすでにバイカル湖畔にまで達していた。

当初の計画では、路線はそこからアムール河の北を大きく迂回《うかい》して、ハバロフスクを経由してウラジヴォストークにいたることになっていた。ところが、日清戦争で清国が日本に敗北したため、清をみくびったロシアでは、清国領を通って一直線にウラジヴォストークへいたることを考えた。

ロシアは一八九六年、清国政府が日本へ支払う賠償金をフランスの銀行から借款《しゃっかん》する口利きをした代償として、満洲里《まんしゅうり》から沿海州のポグラニチナヤにいたる一千五百キロの東清鉄道敷設権を獲得した。

さらに二年後の一八九八年、ロシアは

東清鉄道の中間の駅哈爾浜《ハルビン》から南下し、旅順、大連にいたる一千キロの東清鉄道南部支線の敷設権と、遼東半島南部地域の租借権も手に入れた。ロシアの念願は不凍港をもつことであり、ウラジヴォストークは冬季には湾内が凍るため、砕氷船《さいひょうせん》しか航行できなかったからである。

じつはこれより前に、清の全権大使李鴻章に、ロシア蔵相ウイッテから三百万ルーブルという莫大な賄賂《わいろ》が手渡され、日本の侵略に対して露清共同で防衛にあたるという秘密同盟条約（李＝ロバノフ条約）が結ばれていた。

李鴻章がロシアと調印した条約の内容は、一、東清鉄道会社は、建設後八十年間この鉄道を所有経営する、二、三十六年後に中国（清朝）政府は買収する権利がある（ウイッテは、買い戻しは予想されるが七十億ルーブルを超える金額を中国政府が支払えるとはとうてい考えられない、と条約調印後に語った）、三、鉄道が敷設される地域、いわゆる鉄道付属地に、会社は「絶対的にしてかつ排他的行政権」を行使する。これに、のちに鉄道守備を名目に駐兵権が加わった。

東清鉄道の技師たちは、ロシア本国から海路ウラジヴォストークに到着し、ハバロフスクからアムール河と松花江をさかのぼってハルビンにいたった。ハルビンの都市建設は、清国と結んだ条約の「鉄道付属地」の権利内容を違法に拡大したものであった。ハルビンではまずロシア正教のニコライ聖堂を建て、その後、多数の中国人労働者が鉄道の建設資材を運んだ通りが、キタイスカヤ（中国人街）になった。

朝鮮の鉄道と閔妃事件（一八九五）

ロシアの鉄道のゲージは、広軌で五フィート（一五二四ミリ）である。日本の鉄道は狭軌一〇六七ミリで、のちに満鉄が採用した標準軌は一四三五ミリである。日本が敷設した朝鮮の鉄道も標準軌で、戦後日本の新幹線がこの標準軌を採用した。

ここで朝鮮半島の鉄道について話しておきたい。日清戦争開戦直後の一八九四年八月、ソウル（京城）から釜山《ふざん》にいたる京釜《けいふ》線、仁川《じんせん》にいたる京仁《けいじん》線を敷設する優先権が日本にあたえられた。これは予備的な約束で本契約が必要であったが、日清戦争に勝利したにもかかわらず、朝鮮内部に閔妃を後ろ盾とする親露派が台頭し、日本の影響力は低下した。

閔妃は高宗（李太王）の王妃で、高宗の父の大院君が自分の妻の一族から選んで宮中に入れたのである。大院君は高宗が二十二歳になるまでの十年間執政として政権を握り、旧勢力を弾圧し、国内を果断に改革したが、排外主義者であった。

閔妃ははじめ大院君によく仕えたが、宮中に自分の勢力をもつや、一八七三年に大院君を追放し、国王親政の名のもとに実権を握った。前述の「壬午の乱」や「東学党の乱」のさいにも閔妃と大院君の抗争はつづいた。閔妃は大院君との勢力争いから、はじめは日本に与《くみ》していたが、やがて親露排日策をとるようになった。

井上馨公使に代わってソウルに赴任したばかりの三浦梧楼《ごろう》公使は、一八九五年十月、かねての計画どおり手下を連れて王宮に乱入し、閔妃を殺害した。しかし、この事件によって、かえって日本の威信は崩壊し、翌一八九六年には仮契約していた京仁鉄道の敷設権をも反古《ほご》にされた。

しかも高宗は、世子《せいし》とロシア公使館に居を移し、朝鮮の鉄道計画も標準軌からロシアのシベリア鉄道と同じ広軌へ変更させられたのである。高宗は一八九七年、ロシア公使館から王宮にもどったあと、独立の形式を整えるために皇帝号を名乗り、新たに年号を立て、国号を韓と改めた。高宗を韓国皇帝と呼ぶのは、これからである。

ところで、一八九八年、ロシアが清国から得た東清鉄道南部支線の敷設権には、南部支線の一地点から満洲と朝鮮の国境を結ぶ支線の敷設権もひそませていた。もしこれらすべての鉄道が実現していたなら、ヨーロッパ・ロシアから朝鮮の釜山まで広軌の鉄道が敷設され、ロシア軍が対馬の対岸に一気にやってくることができたということになる。

しかし朝鮮の鉄道の敷設権は、当初アメリカ人やフランス人に許可を出したものの、資金調達の困難などにより、最終的には日本が敷設権を得て、渋沢栄一《しぶさわえいいち》らの努力で朝鮮における鉄道株式会社が設立された。

一八九九年、仁川と永登浦《えいとうほ》間が開通し、一九〇〇年に京仁線が完成した。一九〇四年には日本の参謀本部が京義《けいぎ》線（京城・新義州）の建設をはじめ、日露戦争が終わったあとの一九〇五年十二月に完成した。京釜線は、日露戦争の最中の一九〇五年一月に完成した。

義和団事件（一九〇〇）

さて清国では、第二次アヘン戦争に敗れた一八六〇年以後、「洋務運動」と呼ばれる近代化がはじまっていた。おもな担い手は、曾国藩、李鴻章、左宗棠ら、太平天国の乱の討伐にあたった漢人将軍たちで、武器、弾薬、船舶などの西洋近代文明の威力をみせつけられたかれらは、兵工廠や造船所などを設立した。

軍事工業からはじまった洋務運動は、やがて運輸、通信、鉱山採掘、紡績業などにおよんだが、これらはすべて強兵のためで、しかも私兵を強くするためであった。精神は中国のままで、物質の面だけ西洋を摂取するという意味で、「中体西用《ちゅうたいせいよう》」ということばが用いられた。

一八六一年には、外務省にあたる総理各国事務衙門《がもん》（略して総理衙門）が北京に設置され、これまで「朝貢」として礼部と理藩院の管轄であった西洋諸国との交渉にあたることになった。しかし、これを英仏の圧力で創設した臨時の役所とみなしていた清国は、諸外国の北京駐剳《ちゅうさつ》公使に皇帝への謁見《えっけん》をなかなか許さず、一八七三年にようやく皇帝への謁見を認めたときも、朝貢のさいと同じく三跪九叩《さんききゅうこう》（三回ひざまずいて、そのつど、三回床に頭をつける最敬礼）をするよう公使たちに求めた。各国公使たちはもちろんこれを拒み、結局、鞠躬《きっきゅう》（身をかがめる敬礼）に落ち着くのである。

一八九四〜九五年の日清戦争で敗北した清国では、洋務運動に批判が生まれ、技術面だけでなく制度面でも、西洋式に改革しようとする「変法」論が台頭した。その中心人物であった康有為《こうゆうい》は、日本の明治維新を手本として清朝を変法しようと論じた。一八九八年、清の光緒帝《こうしょてい》は変法に着手したが、西太后（同治帝の母、光緒帝の母の姉）に幽閉《ゆうへい》されて改革は失敗し、康有為と梁啓超《りょうけいちょう》は日本に亡命した。これを戊戌《ぼじゅつ》の政変という。

ところで清の一般民衆の間では、一八五八年の天津条約でキリスト教の内地布教が許されたあと、各地でキリスト教に対する反感が生まれていた。キリスト教徒になった中国人が、教会を後ろ盾に一般民衆と紛争を起こす「教案」が各地で発生した。ことに日清戦争後、ドイツの強引な進出が目立った山東省では民衆の排外感情が強く、一八九九年、秘密結社の義和団《ぎわだん》が「扶清滅洋《ふしんめつよう》」を唱えて蜂起したのである。これは、西洋人を中国から追放し、西洋の宗教や文明を拒否し、近代的施設を破壊しようとする暴動だった。

一九〇〇年、義和団は山東から直隷《ちょくれい》に入り、天津から北京へと進んだ。一帯の外国人はもとより、中国人のキリスト教徒や外国商品を売る店をおそい、京津間の鉄道、電線を破壊し、六月には二十万人の団員が北京に入った。清国の保守派の皇族や高官は、これを「義兵」として歓迎し、清軍が義和団と行動をともにするようになった。日本公使館書記生とドイツ公使を殺害したのは清軍兵士である。

六月二十一日、清国は列国に対して宣戦布告し、義和団は、列国の公使館が集まっていた紫禁城東南の東交民巷《とうこうみんこう》を包囲した。この区域には一千名近い外国人と多数の中国人キリスト教徒がおり、連合軍が解放するまで、五十五日におよぶ籠城戦がくりひろげられた。

この義和団事件（北清事変）に対して、日本、イギリス、アメリカ、フランス、ロシア、ドイツ、オーストリア、イタリアの八カ国連合軍が天津から北京に進軍した。連合軍一万九千七百人のうち日本軍が最多の九千七百五十人であった。連合軍が北京を占領した翌日、西太后は光緒帝を連れて北京を脱出し、陝西省の西安に逃亡した。

講和会議は列強相互の対立もあって長引いたが、一九〇一年九月、十一カ国の代表と清国の間で締結された。北京議定書である。四億五千万両という膨大な賠償金が清国に課せられ、列国は北京公使館区域の安全確保のための軍隊の駐留権を得た。

日露戦争にいたる日本とロシア

一八九五年、日清戦争に勝利したにもかかわらず、三国干渉で遼東半島を清に返還させられた日本は、「臥薪嘗胆《がしんしょうたん》」を合いことばに富国強兵を期し、増税に耐え、軍備増強に入った。そのうえでロシアとは、一八九六～九八年のさまざまな協定によって、満洲におけるロシアの優越権を日本が認める代わり、朝鮮における日本の優越権をロシアに認めさせようとした。

しかし、朝鮮半島にも野心をもつロシアは、一八九六年には朝鮮王高宗をロシア公使館に移し、親日的改革派を殺害させた。さらに一八九九年五月には、朝鮮の馬山浦《ばざんほ》にロシアの軍艦三隻が入港し、翌年三月には馬山浦付近の土地譲与その他の秘密協定がロシアと韓国の間で成立した。

ロシアの東清鉄道敷設は、一八九七年夏、ハルビンを起点にはじまっていた。工事開始直後から、土地の強制収奪に反対する農民の自衛組織と、鉄道建設によって生活の糧《かて》を奪われる運送業者が、ロシアに対するゲリラ戦を展開していた。

満洲に移住した中国人たちの郷里、山東で起こった義和団運動の報が一八九九年秋に伝わると、工事妨害の小競り合いは、清国正規軍もまきこんだ外国人排斥の大暴動に転化し、教会がおそわれ、鉄道の組織的破壊がはじまった。このときロシアの陸軍大臣クロパトキンは、「願ってもない好機だ、これで満洲を押さえる口実ができた」とウイッテに語ったという。

こうして東清鉄道の保護を謳《うた》った十七万七千のロシア軍は、六方面からいっせいに満洲に侵攻した。そのはじまりとなった「アムール河の流血事件」は、偶然その地に語学留学中であった日本軍人石光真清《いしみつまきよ》の手記にくわしい。ロシア軍は、七月、ロシア領ブラゴヴェシチェンスクに住んでいた清国人三千人を虐殺してアムール河に投げ込み、さらに対岸の清国領の黒河鎮《こつかちん》と愛琿城を焼き払い、避難する市民を虐殺した。ロシア軍はこれから、八月にチチハル、九月に長春、吉林、遼陽、十月には瀋陽を占領したのであるが、各地でロシア軍によるすさまじい殺戮がつづいた。

ロシア軍の満洲制覇が完了した一九〇〇年末、それまで敷設された東清鉄道線路一千二百キロのうち、三分の二が破壊されていたというが、ロシア軍がどれだけの数の中国人を殺害したかは、あきらかではない。

日本の抗議に対して、ロシア駐日公使は青木外相に「派兵は鉄道を守るための一時的措置である」と回答した。しかし一方で、ロシアの提督アレクセーエフは、奉天の増祺《ぞうき》将軍を脅迫し、ロシアが満洲を支配下に置く第二次露清密約の仮調印までおこなっていた。

ロシアの進出に脅威を覚えたイギリスは、義和団事件にさいして日本人がきわめて勇敢で規律正しかったことと、極東における日本の海軍力も頼りになると考え、日本を同盟の相手に選んだ。日英同盟が締結された二カ月後の一九〇二年四月、ロシアは、三期に分けて満洲から撤退するという満洲還付条約を清国と結び、十月、第一期の撤兵は実行された。

ところが一九〇三年四月、ロシアは満洲第二次撤兵を実行しないばかりか、「ロシア軍撤退後は満洲を他国に割譲しない」「ロシアの同意がないかぎり他国の領事館を開設しない」「占領中にロシアが得た権利は保留する」などの七カ条の要求を清国に突きつけた。五月、ロシアは朝鮮の龍岩浦《りゅうがんほ》を租借し、鴨緑江を越えて森林伐採事業をおこなうようになる。

同年八月十二日、日本側は、ロシアは満洲、日本は朝鮮の特殊利益を相互に認める方針をロシアに伝えたが、ロシアの回答は二カ月後で、満洲には触れず、朝鮮領土の軍事利用の禁止、北緯三九度以北の中立化、朝鮮海峡の軍事施設の建設禁止を求めるものであった。その一方、同じ八月十二日、ロシアは旅順に極東総督府を新設し、軍人のアレクセーエフを極東総督に任命して、日本との交渉の責任者とした。

ロシアは十月八日、清国に通告していた撤兵をしないばかりか、かえって兵力を満洲南部に移動させた。日本の再三にわたる修正案に対しても、一カ月も回答をよこさず、朝鮮の軍事利用の禁止と三九度以北の中立化をくりかえすだけで、まったく不誠実であった。

一九〇四年一月十二日の御前会議において、大山巌《いわお》参謀総長は開戦を進言したが、明治天皇の和平の意志により、十六日、再度ロシアに口上書を送付し、回答を督促《とくそく》した。しかしロシア政府は回答に応じないばかりか、ひそかに極東の軍備増強を開始した。

満洲各地でロシア部隊の移動や陣地の構築などが報告され、二月三日には、ロシア艦隊が旅順を出港したとの報告が入った。二月六日、駐露公使がロシア政府に日本政府の決意を通告し、首都ペテルブルグを退去した。同日、駐日ロシア公使も東京を去った。二月八日、日本海軍が旅順のロシア艦隊を奇襲し、日露戦争が勃発したのである。

日露両国の兵力

ここで、日露の兵力を比較しておこう。日露開戦時の日本側の陸軍は、歩兵十三個師団、騎兵二個旅団、砲兵二個旅団、および一個鉄道大隊であったが、歩兵の総数は、ロシア陸軍総兵力の約九パーセントであった。しかも満洲に展開できる部隊は、歩兵百五十六個大隊、騎兵五十四個中隊、砲兵百六個中隊（六百三十六門）、工兵三十八個中隊と、一個鉄道大隊であった。海軍は、三笠をはじめとする戦艦六隻、装甲巡洋艦六隻など、大小百五十二隻である。

一方のロシアは、陸上兵力はプリアムール軍管区と関東要塞区に六十八個歩兵大隊、騎兵三十五個中隊、砲兵十七個中隊（百四十八門）、工兵十三個中隊と要塞守備隊が配備され、正規軍九万八千人、警備隊員二万四千人であったが、それはロシアの戦時総兵力の四パーセントにすぎなかった。ヨーロッパ方面には歩兵百六十八万人、騎兵十八万二千人、工兵五万七千人など、正規兵二百七万人、予備兵あわせて四百万人以上いたのである。

開通したばかりのシベリア鉄道は単線だったが、実際には日本の予想を超える百三十万人が極東に派遣展開されたのであった。

ロシアがいかに日本の軍事力をみくびっていたかは、ロシア軍人のことばにあらわれている。日露開戦の年まで四年間、駐日陸軍武官であったバノフスキー陸軍大佐は、「日本陸軍がヨーロッパにおける最弱の軍隊の水準に達するのに、百年は必要であろう」と報告したし、一九〇三年四月に神戸に寄港した巡洋艦アスコリッドの艦長は、ローゼン駐日公使に「日本海軍は外国から艦艇を購入し、物質的装備だけは整えたが、海軍軍人としての精神は到底われわれにはおよばない。軍艦の操縦や運用はきわめて幼稚である」と語った。開戦八カ月前に来日し、陸軍戸山学校を視察したクロパトキン大将は、つぎのように豪語した。

「日本兵三人にロシア兵は一人でまにあう。来るべき戦争は、単に軍事的散歩にすぎない」

このとき、自国の存亡をかけて大国ロシアに挑む日本に対して、英米の世論はきわめて好意的であったが、独仏は敵対的な論戦を張った。ことにドイツのウィルヘルム二世は黄《こう》禍論《かろん》を喧伝《けんでん》しており、日露戦争を白色人種と黄色人種の戦いとみなした。アジアとアフリカの大部分がヨーロッパの植民地で、白色人種の優越がまだ信じられていた時代だった。

日露戦争（一九〇四～〇五）

一九〇四年二月八日、東郷平八郎率いる連合艦隊が旅順港外のロシア艦隊を奇襲して、日露戦争が開戦した。日本の陸軍先遣部隊二千二百人が朝鮮半島の仁川に上陸し、主力部隊は仁川から五月一日に鴨緑江を渡った。一方、遼東半島に上陸した部隊は、二十七日、南山で勝ち、九月三日、遼陽で勝った。しかし、南山での戦死者は四千三百八十七人、遼陽会戦における戦死者は五千五百五十七人にのぼった。

翌一九〇五年一月一日、乃木希典《のぎまれすけ》率いる日本軍は旅順を攻略したが、戦死一万五千四百人、負傷四万四千八人にのぼった。ロシア側死傷者は三万一千三百六人であるという。

さらに一月、黒溝台《こくこうだい》会戦で死傷者九千九十七人、最後の陸上決戦となった三月の奉天会戦では、戦死者一万六千五百五十三人、負傷者五万三千四百七十五人、捕虜四百四人に達した。この会戦でのロシア側の戦死者は八千七百五人、戦傷者五万一千三百八十八人、失踪二万九千三百三十人（うち捕虜二万一千七百九十一人）である。戦死者は日本がロシアの二倍となった。日本は、総計十一万八千余人の戦死者（靖国神社の祭神は八万八千四百二十九柱）と多くの負傷者を出し、弾薬は底をつき、第一線部隊を指揮する幹部将校の多くが倒れたのである。

日本は和平交渉の道をさぐりはじめたが、ロシアには講和に応じる気配はまったくなかった。バルチック艦隊が太平洋に向かっており、日本艦隊を撃破して制海権を奪えば、満洲の日本軍への補給が遮断《しゃだん》でき、勝利の女神はロシアにほほえむと期待していたのである。

一九〇五年五月二十七日午前四時四十五分、東郷平八郎大将率いる日本艦隊の仮装巡洋艦信濃丸から、「敵航路北北東、対馬海峡ニ向カウモノノ如シ」の電報が発信された。午後一時三十九分、日本艦隊はロシア艦隊を発見、二時五分に敵艦隊の前方で北北東に大旋回、敵艦隊の先頭を斜めに圧迫して同航態勢に変針し、二時十分、六千メートルの距離で射撃を開始した。これが有名なT字戦法の「東郷ターン」である。

東郷艦隊は、バルチック艦隊を構成していた八隻の戦艦中六隻を撃沈、二隻を捕獲、巡洋艦九隻中三隻を沈め、二隻を自沈させた。この日の海戦でバルチック艦隊は壊滅し、マニラに逃れた巡洋艦は三隻、巡洋艦一隻と駆逐艦二隻のみウラジヴォストークにたどりついた。日本側の損害は、水雷艇三隻、戦死百十六人、負傷五百三十八人であった。この日本海海戦は、海戦史上例をみない完全勝利であった。

九月、アメリカのルーズベルト大統領の斡旋で、小村寿太郎とウィッテにより、ポーツマスで日露講和条約が結ばれた。日本はこれによって韓国の保護権、南樺太、遼東半島、東清鉄道南満洲支線（南満洲鉄道）の経営権、沿海州の漁業権を獲得したが、十二億円の戦費賠償要求を拒否され、樺太北半分は無償返還させられた。

日露の兵力差二倍、九月には三倍になるという実情を知らされていない日本では、講和条約反対集会のあと、日比谷焼き討ち騒動が起こり、アメリカ大使館などを襲撃、教会十三カ所を破壊した。これによってアメリカの親日的世論は一転してしまったのである。

第七章

日露戦争後の満洲と当時の国際情勢

――欧米列強が承認、南満洲と韓国という日本の勢力圏

日露戦争当時の満洲

清朝末期の満洲の実情を、第四章の最後にもどって説明しよう。清朝は乾隆年間の一七四〇年、漢人の満洲への移住を禁止する封禁令《ふうきんれい》を出したが、内地の人口増加と国家統制のゆるみにより、十八世紀末ごろから、山東や河北から貧民がぞくぞくと満洲に流入した。かれらは、はじめ掘立小屋（窩棚《かほう》）をつくり、苦労して荒れ地を開墾し、しだいに村落を形成していった。満洲に農民がふえると、つづいて河北や山西から商人が進出してきた。なかでも焼鍋《しょうか》と呼ばれる焼酎の製造業者は大いに経済力を蓄え、穀物の売買や高利貸しなど金融面でも活躍するようになった。

清朝は、漢人のふえた場所に、あとから州や庁を置いて租税を集め、かれらを治めるようになった。十九世紀後半には満洲の開発は進み、漢人人口もふえたので、新たに多くの府、州、県、庁が設けられたり、昇格したりした。しかし、日露戦争後の一九〇七年まで、満洲は、軍政下にある特別行政区域のままで、斉斉哈爾の黒龍江将軍、吉林の寧古塔将軍、盛京（瀋陽）の奉天将軍という、満洲旗人出身の三人の将軍が治める地域であった。

ロシアが一八九七年から東清鉄道を敷設しはじめると、土地の強制収奪に反対する農民の自衛組織と、鉄道建設によって生活の糧を奪われる運送業者が、ロシアに対するゲリラ戦を展開した。これが義和団運動となって、ロシアの軍事占領につながったのである。

時の奉天将軍増祺《ぞうき》をはじめとする満洲人の地方官たちは、義和団以上にロシア軍を恐れて、家族をひきつれて持ち場から逃げてしまった。しかし、西太后らも紫禁城から逃げ出し、日本をふくむ八カ国連合軍によって北京が鎮圧されたので、増祺らもとくに処罰されなかった。増祺は義和団事件後、なるべく金をかけずに治安維持をするため、馬賊を帰順させる政策をとる。

「馬賊」は、治安悪化からの自衛のため、土地の有力者が出資した自警団である「保険隊」がほとんどで、「保険区」外では蛮行におよぶのである。日露戦争当時、日露両軍が馬賊の争奪戦をくりひろげたということであるが、いずれにしても、満洲の漢人農民にとっては、もともと国家の保護はないも同然だった。

日露戦争後、清ははじめて、奉天将軍に漢軍八旗出身の趙爾巽《ちょうじそん》を任命し、戦後処理にあたらせた。こうして一九〇七年、ついに満洲における軍政が放棄された。清は、奉天、吉林、黒龍江に中国内地と同じ省を設置し、各省に巡撫《じゅんぶ》という地方長官を置いた。そのうえに軍政と民政を総括する東三省総督を置いたが、これが現在の中国東北三省の起源である。日露戦争のさい、王朝発祥の地である自国領の満洲でおこなわれた戦争であったのに、清国政府は「局外中立」を宣言した。もし日露戦争で日本が勝利していなければ、満洲はロシア領になっただろう。

日本はこれからあと、満洲を、日清、日露の戦争で日本人の「十万の生霊、二十億の国《こく》帑《ど》（国庫金）」によって購《あがな》われた大地とみなし、日本の権益のおよぶ特殊地域と考えるようになっていくのである。

日本の満洲経営のはじまり

一九〇五年九月五日に日露講和条約（ポーツマス条約）が調印されたあと、十二月二十二日に、満洲に関する日清条約が調印された。これによって日本が獲得した満洲に関するおもな権益は、一、関東州の租借権、二、長春〜旅順・大連間の鉄道経営とそれに付随する権利、三、安東〜奉天間の鉄道経営権、四、鴨緑江流域での木材伐採権、であった。

ポーツマス条約で日本がロシアから租借権を正式に譲り受けた遼東半島南部三千三百六

十七平方キロの土地を、日本では関東州と呼んだ。租借の期間は、一八九八年の露清間の条約では二十五年とされており、日本の租借権もこれをそのまま引き継いだのであるが、一九一五年、日本が袁世凱に提出した二十一ヵ条要求の第二号「南満洲および東部内蒙古に関する条約」で、九十九年に延長された。大連はロシアが建設した港市で、前述のように「ダールニーヴォストーク（極東）」というロシア語の前半分を漢字でうつしたものである。

関東とは山海関以東という意味で、もともと満洲のことであった。日本が清国から獲得した権益は、ロシアから引き継いだものであるが、ロシアは一九〇〇年の義和団事件以後、事実上満洲を占領していた。日露戦争がはじまると、日本は現地に占領地行政を敷いて、金州《きんしゅう》、大連、旅順に順番に軍政署を設けて軍政区を統治させた。日露戦争に勝ったあとも、日本はロシアにならって満洲で占領地行政をつづけ、天皇直属の関東総督府を設置し、関東州守備の軍隊と民政一般を統括させていた。

しかし、総督府のもとに軍政署を置いて統治をはじめた日本の満洲経営は、英米と清国から不信をまねき、抗議を受けることになった。そこで、一九〇六年一月、桂太郎に代わった西園寺公望《さいおんじきんもち》首相は、現地を視察旅行したあと、五月に「満洲問題協議会」を開催した。

会議の目的は、軍部に軍政署の廃止と早期撤兵をせまることであった。

日露戦争を実質的に指揮した陸軍参謀部次長で、満洲軍総参謀長を務めた児玉源太郎は、軍事占領の継続を主張したが、新たに韓国総監に就任した伊藤博文は「満洲方面における日本の権利は、講和条約によって露国から譲り受けたもの、すなわち遼東半島租借地と鉄道だけである。満洲は決してわが国の属地ではない。純然たる清国領土の一部である。属地でもない場所にわが主権がおこなわれる道理がない」と説いた。

結局、伊藤の説得により、日本は早期撤兵に踏み切ることになり、ロシアから獲得した満洲の権益は、新たに設立される鉄道会社が引き継ぐことになった。また軍政署を廃止し、一九〇六年八月、総督府に代わって、旅順に関東都督府が置かれた。

関東州と関東軍

軍政から民政へと代わったので、それまでは総督が関東州におけるすべての権限を有したのに対して、都督は、軍政と作戦については日本の陸軍大臣と参謀総長の監督を受け、政務は外務大臣の監督を受けることになった。しかし、初代都督には、総督だった大島義昌大将がそのまま横すべりし、その後も関東都督には陸軍大・中将が任命された。

関東都督府は陸軍部と民政部に分かれており、都督は満洲の軍事、関東州の民政と、鉄道付属地の警務を監督した。付属地行政のうち、土木、衛生、教育などは、一九〇七年四月に営業を開始した満鉄に委任された。民政部の長官を民政長官といい、実際の行政は、大連、旅順、金州に置かれた民政署がおこなった。陸軍部が、のちの関東軍の前身である。

ポーツマス講和条約では、鉄道守備隊を、一キロにつき十五名を超えない範囲で配置できることになっていた。日本に譲渡された東清鉄道の長春～旅順間は七百六十四キロ余りあり、日本軍は司令部要員もふくめて総計一万四千四百十九名の守備兵を置けることになった。関東州は租借地であるから、実質的に日本領土と変わりなく、駐屯兵力は自由である。こうして日本は、二年交代で日本内地から派遣される駐剳《ちゅうさつ》一個師団と、独立守備隊六個大隊、実質二個師団の部隊を、このあと満洲に置くことになった。

第一次世界大戦末期の一九一七年にロシア革命が起こり、日本がシベリア出兵をおこなっている最中の一九一九年、関東都督府は廃止され、関東州と満鉄付属地を管轄する日本の官庁である関東庁が発足した。関東庁長官は文官で、総理大臣（一九二九年からあとは拓務大臣）の監督を受けた。このとき、都督府陸軍部は独立して関東軍となったのである。

満洲帝国が成立した一九三四年、関東庁は関東局となり、新京(長春)の大使館内に移った。その下の州内行政専管の関東州庁が旅順、一九三七年以降は大連に置かれた。

満鉄誕生

話を日露戦争後にもどそう。陸軍大将の児玉源太郎は、一九〇六年一月に発足した「満洲経営委員会」委員長に任命された。児玉の強い推挙によって初代の満鉄総裁に就任することになる後藤新平は、一八九八〜一九〇六年に児玉が台湾総督を務めた間、その下で民政長官として、台湾統治を一挙に黒字経営に逆転させた実績があった。

もともと児玉と後藤の考えは、「日露戦争後の満洲経営の唯一の要訣は、陽に鉄道経営の仮面を装い、陰に百般の施設を実行するにあり」というもので、台湾にならって、鉄道経営のために国家機関(満洲鉄道庁)を設けることを主張した。

しかし、清国の領土内に日本の国有鉄道が存在することは、日露講和条約や日清条約に違反する。日本の外務省や大蔵省は、門戸開放を唱える英米の反対にあうことを憂慮し、国有鉄道案は採用されなかった。

一九〇六年六月、勅令「南満洲鉄道株式会社設立の件」が公布され、七月に満鉄設立委員八十名が任命された。委員長に任命された児玉はこの直後に急逝《きゅうせい》し、寺内正毅《まさたけ》陸軍大臣が後任の委員長に就任した。つづいて八月、日本政府から設立委員に命令書が発せられた。命令書によってさだめられた満鉄の会社定款のうち、大事な部分を現代語で要約する。

第三条　会社は沿線の主要な停車場に、旅客の宿泊・食事および貨物の貯蔵に必要な、さまざまな設備をつくるものとする。また、線路が港湾に達するところでは、水陸運輸の連絡に必要な設備をつくるものとする。

第四条　会社は、鉄道の便益のために、以下の付帯事業を営むことができる。一、鉱業、とくに撫順および煙台の炭坑の採掘、一、水運業、一、電気業、一、鉄道貨物の委託販売業、一、倉庫業、一、鉄道付属地における土地および家屋の経営、一、その他、政府の認可を受けた営業。

第五条　会社は、政府の認可を受け、鉄道および付帯事業の用地において、土木・教育・衛生に関して必要な施設をつくるものとする。

第六条　前条の経費をまかなうために、会社は政府の認可を受け、用地内の居住民に対して手数料を徴収し、その他、必要な費用を割りあてることができる。

第七条　満鉄の総資本は二億円とし、うち一億円は日本政府の出資とする（半官半民の株式会社）。

第八条　政府出資の一億円は、ロシアから譲渡される鉄道と付属のいっさいの財産および撫順・煙台の炭坑とする。

このなかの第七条「日本政府出資の一億円」とは、現物支給、つまりロシアから譲渡された鉄道そのものと撫順と煙台の炭坑で、日本政府は一銭も出さなかった。一九〇六年の日本国家予算の四億余円に対して、日露戦争中の臨時軍事費は十七億余円、戦争関係費用あわせて二十億円近くにのぼっており、英米市場で調達した外債は十億円を超えていた。さらなる出費の余裕はまったくなかったのである。一方、九月におこなわれた満鉄の株式募集の倍率は、一千倍であった。

満鉄の業務内容

満鉄の事業を大別すると、「鉄道の運輸業」と「鉄道の便宜のための付帯事業」に分けられる。定款は、表向き満鉄を鉄道会社としてあつかっているので、こういう分類になるが、実際には「付帯事業」の中身は、鉄道の便宜のための事業だけではなかった。後藤新平はこれを「文装的武備」と表現したが、軍事占領の代わりに、鉄道付属地の経営が付帯事業であった。

一九〇七年四月、本社を東京から大連に移転したときの満鉄の組織は、総裁のもとに、総務・調査・運輸・鉱業・地方の五つの部が置かれ、本社から独立性の強い組織として、大連病院と撫順炭坑が置かれた。総務部は、会社の事務・経理と、会社の各種事業に必要な建物や鉄道付属地の建設事業を担当する。調査部は、政策立案とそのもととなる基礎的調査をおこなう。運輸部は、鉄道と大連港の建設・運営を担当する。鉱業部は、地質調査と鉱産物の販売を担当する。そして地方部は、鉄道付属地の行政を担当した。

その後、満鉄は必要に応じて子会社をつくった。運輸業では大連汽船という海運会社を設立し、大連市内に路面電車が導入されるときには、大連電気鉄道をつくった。電気やガスの供給についても、はじめは満鉄が直接おこなっていたが、のちにそれぞれ南満洲電気株式会社と南満洲瓦斯《ガス》株式会社を設立した。

後藤新平は満鉄総裁を引き受ける条件として、一、日本政府職員（官吏）が在官のまま満鉄社員になること、二、満鉄総裁が関東都督府の顧問になること、をあげた。このおかげで、二百四十六人の日本政府官吏が満鉄に入社した。これは、一九〇七年の正社員の八・三パーセントに相当する。

満鉄創業時、満洲在勤者には、額面で本俸の倍の給料があたえられた。この制度はその後も維持され、のちの満洲国建国後の一九三三年から、満洲国国有鉄道の委託経営を満鉄がおこなうようになり、一九三五年に満洲帝国政府による北満鉄路の買収が完了したあとは、北満地域の勤務者に本俸と同額以上の手当が支給されたのである。

満鉄調査部の役割

ところで、日露講和条約の内容承認を得るための日清条約には、もとの露清間の条約を遵守《じゅんしゅ》する旨が約されていたが、日本政府は満鉄の成立について清国政府に一方的な説明をしただけで、同意を得ずに設立した。清国政府の抗議に耳を傾けることはなかった。

満鉄が最初に直面したのは、鉄道付属地の土地の問題であった。そもそも東清鉄道から引き継いだ土地自体が、ロシアが武力で弾圧して取得したものである。さらに日露戦争中、軍事占領下で、日本軍が強制的に買い上げた土地があった。

満鉄会社の発足にあたって、かつての所有者からもちこまれる正当な返還要求にどう対処するか、満洲経営のために必要な土地をどう獲得するかが大問題であった。満鉄総裁となった後藤新平は、台湾の民政長官時代に土地調査事業で大成功をおさめていた。このとき法制調査を担当した岡松参太郎と、臨時土地調査局長を務めた中村是公《これきみ》を、後藤は満洲にともなった。中村は満鉄副総裁となり、のち二代目総裁となった。岡松は、後藤の法律顧問として、満鉄「百年の計」を立てるのに手腕を発揮した。

一九〇七年、後藤はまず本社に調査部を、ついで東亜経済調査局をつくり、一九〇八年、東京支社内に満鮮歴史地理調査部を設けた。満鉄調査部の理事には岡松が任命され、調査部長も兼ねた。調査部の重点は土地問題の解決にあった。のち満鉄調査部の代表的な仕事として会社が誇った「満洲旧慣調査報告」は、じつは純然たる現行法の調査で、満鉄会社と「清国官民」との係争を国際裁判にもちこまずに解決することが目的だった。

満鉄は、一八九六年にロシアと清国政府との間で結ばれた東清鉄道会社設立に関する条約の第六条「公司地段一概不納地税由該公司一手経理（会社所有の土地はすべて地租を納めず、会社は一手に経理す）」を楯にとって、会社の土地に対する権利は民法上の所有権にとどまらず、土地経営に関する全権、行政権にもおよぶと拡張解釈した。

清国政府はこの解釈を承認しなかったが、満鉄は、会社の所有地の中国人居住者に対し、付属地居住者規約を設けて民法上の契約関係を結び、租税を徴収、会社の行政権に服させることにした。これが満鉄付属地である。付属地は、満鉄の土地買収でいくらでも拡大できる。清国側は満鉄会社に土地を売る者に国土盗売罪で対した。

ところで満鉄調査部という名称は、創立当初の二年弱と、一九三九（昭和十四）年に松岡洋右《ようすけ》総裁によって名称が復活し、一九四三年、調査局に改編されるまでの四年間だけである。後藤が満鉄を去ったあと、調査部は調査局に格下げされ、満鮮歴史地理調査部も一九一四年に廃止された。

岡松が最初の局長に就任した、日本初の独立した経済調査機関であった東亜経済調査局は、満鉄への欧米の非難を避け、対外ＰＲをするため外国人顧問に高給を払っていたが、無用の長物と非難を受け、政府当局から何度も廃止の声が出た。一方、地質調査所、中央試験所、産業試験所、獣疫研究所、衛生研究所など、自然科学系のさまざまな調査研究機関がつぎつぎ設けられ、これらが一九三九年に調査部に統括された。

日本とロシアの密約

日露戦争後、日本とロシアの間は急接近する。ロシアが対外政策の重点をヨーロッパに移さざるをえない情勢になったことと、交渉相手としての日本の実力を認めたためである。日本側はもともと、ロシアと勢力範囲をさだめて、極東の情勢を安定させることを望んでいた。また、ロシアから得た南満洲鉄道は、ロシアが運営する鉄道に接続しているのだから、旅客や貨物を載せた車両を安全に引き継ぐため、ロシアと協議する必要があった。

こうして一九〇七年七月、日本とロシアは満洲の鉄道接続についての協定を結び、第一次日露協約が調印された。この協約は、北満洲と南満洲の分界線を決め、北満洲はロシア、南満洲は日本の勢力範囲とする秘密条款をふくんでいた。また、ロシアは朝鮮における日本の行動を承認する代わりに、日本は「外蒙古」におけるロシアの行動を承認した。

一九一〇年四月に調印された第二次日露協約も、秘密協定をふくんでいた。一九〇七年にさだめた分界線によって勢力範囲を確定し、そのなかでそれぞれ行動の自由をもつことを認め合い、満洲を両国の特別利益地域に分割したのである。

さらに、中国における辛亥《しんがい》革命後の一九一二年七月に調印された第三次日露協約では、「内蒙古」に関して、北京を南北に通る線の東は日本、西はロシアの特殊権益とすることを密約した。この日露の密約が、モンゴル独立宣言後の内外蒙古の分裂に、深くかかわることになったのである。

日韓併合

話はもどるが、日露戦争直前、韓国皇帝は日露の間で中立声明を発しようとした。そこで、対露開戦にあたり、いかなる事態においても実力をもって韓国を確保することを決意した日本政府は、一九〇四年二月、韓国京城《けいじょう》で日韓議定書を調印した。その内容は、一、韓国政府は日本政府の施政改善の忠告を受け入れる、二、日本は韓国皇室の安全を保障する、というものであった。

同年八月には、第一次日韓協約が調印された。内容は、日本政府の推薦する日本人一人を財務顧問に、外国人一人を外交顧問にする。韓国の外交は日本が担当し、施政を観察する日本人駐劄官《ちゅうさつかん》を設置する、というものである。

日露協約によってさだめられた日本とロシアの勢力範囲

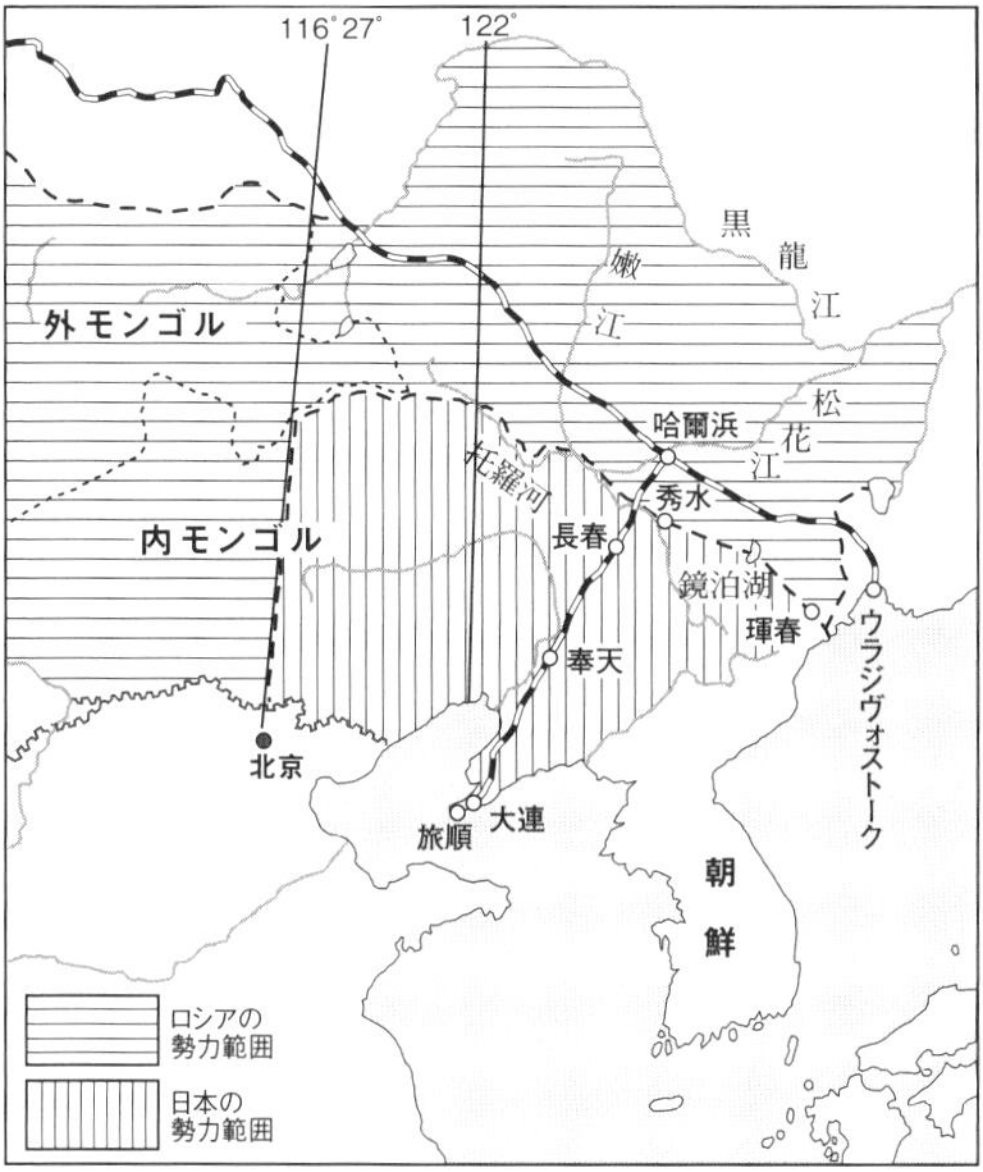

吉田金一『近代露清関係史』（近藤出版社）より作成

一九〇五年五月、日本海海戦で日本軍が勝利すると、六月にはアメリカ大統領ルーズベルトが日露に講和を勧告し、日本もロシアもこれを承諾した。

同年七月、桂首相とアメリカ陸軍長官タフトとの間で、桂＝タフト協定が結ばれた。当時のアメリカは、日本が台湾から南下してフィリピンに支配をおよぼすことを恐れていた。そこで、この協定では、日本がアメリカのフィリピン支配を認める代わりに、アメリカは日本の韓国支配を認めることが取り決められた。

同年八月、日本とイギリスは第二次日英同盟条約に調印した。イギリスは、日露戦争に敗れたロシアがインド方面に南下することを恐れ、日本の韓国支配を認める代わりに、同盟条約の適用範囲にインドを加えることを要求したのである。

同年十一月に調印された第二次日韓協約（韓国保護条約）では、一、日本の統監が韓国に駐留する、二、韓国と列国の外交は東京でおこなわれ、韓国の在外外交機関はすべて廃止する、という内容である。まもなく初代統監の伊藤博文が京城（ソウル）に赴任した。

一九〇七年六月、韓国皇帝の高宗が、ハーグで開催中の万国平和会議に密使を送り、日本を非難し、列国の支持を求めるという事件を起こした。しかし、すでに日本と協定や条約を取り交わしているイギリスやアメリカ、オランダは韓国を相手にせず、ロシアも動かなかった。一方、高宗の背信行為に怒った韓国統監の伊藤博文は、この責任を追及し、高宗を譲位させた。

七月に調印された第三次日韓協約では、韓国政府は、法令制定、重要行政処分、高等官吏任免に、日本人統監の承認を必要とすることが盛り込まれた。これから日韓両国人による裁判所新設、監獄新設がおこなわれ、日本人多数が韓国官吏に任命されるようになるのである。しかし、八月の韓国軍隊の解散は、各地で抗日反乱を呼び起こした。

一九〇九年六月、伊藤博文は韓国統監を辞任したが、そのあと十月に満洲のハルビン駅頭で安重根《あんじゅうこん》に暗殺された。翌一九一〇年五月、寺内正毅《てらうちまさたけ》大将が韓国統監となり、軍事・警察の実権を掌握し、八月に日本による韓国併合、朝鮮総督府の設置にいたるのである。

辛亥革命（一九一一）

さて、日清戦争に敗れ、日露戦争でも日本が勝利したのをみた清国では、ようやく本気で日本型の近代化をめざす改革がはじまった。日露戦争における日本の勝利がほぼ決まった一九〇五年九月、中国で一千年以上つづいた科挙の試験が廃止され、一九〇六年には立憲政治の準備の詔勅《しょうちょく》が出て、伝統的な六部《りくぶ》も廃止された。一九〇八年には憲法大綱と憲政施行までのプログラムが発表されたが、これによると、一九一六年に憲法が発布され、翌年には議会が開かれることになっていた。

ところが、一九〇八年十一月十四日に光緒《こうしょ》帝が崩じ、翌日、西太后が亡くなった。光緒帝の実弟の醇《じゅん》親王の子溥儀《ふぎ》が三歳で帝位を継ぎ、醇親王が摂政となった。これがラストエンペラー・宣統帝《せんとうてい》である。このころから、満漢の融和をはかる動きが盛んになったが、憲政施行もジェスチャーだけで、実際には満洲政権の延命策にすぎなかった。

広東省中山県の客家《ハッカ》出身の孫文《そんぶん》は、すでに一八九四年、清朝打倒のためハワイで興中《こうちゅう》会《かい》を組織したが、清国のなかでは大きな勢力ではなかった。日露戦争後の一九〇五年になって、孫文がヨーロッパから東京に帰ってきたのを機として、革命団体の団結がはかられ、東京で中国革命同盟会が結成された。その革命綱領を、三民主義（民族主義・民権主義・民生主義）といっている。

しかし、同盟会の革命蜂起は何度も失敗に終わり、結局、一九一一年十月、日本の陸軍士官学校に留学した将校たちが清朝に対して反乱を起こした「武昌起義《ぶしょうきぎ》」が成功して、清朝崩壊につながった。これが辛亥革命である。

一九一二年一月一日には、清国にもとからあった十八省のうち十四省が独立を宣言し、孫文を臨時大総統に選んで中華民国臨時政府が誕生した。独立宣言をしなかったのは、直《ちょく》隷《れい》・河南・山東・甘粛省で、新設の奉天・吉林・黒龍江と新疆省も独立宣言をしなかった。清朝政府は、下野させていた北洋軍閥袁世凱《えんせいがい》を呼びもどして総理大臣に任命し、革命派を討伐させた。

ところが孫文は、清帝を退位させたら大総統を袁世凱に譲ると密約したので、二月十二日、袁世凱は、皇帝号を廃さず、年金を得て生涯紫禁城《しきんじょう》で生活するという条件で、宣統帝溥儀を退位させ、清朝がほろびたのである。

袁世凱はこうして、中華民国大総統に就任した。孫文は中国国民党の理事長に就任し、国民党は翌一九一三年二月の総選挙で圧勝したが、三月、党首の宋教仁《そうきょうじん》は袁世凱によって暗殺された。孫文は、反袁世凱の第二革命に失敗してふたたび日本に亡命し、一九一四年、東京で中華革命党を結成した。

袁世凱の専制君主化と軍閥の抗争

袁世凱は一九一二年、中華民国大総統に就任したあと、一九一三年四月から開かれた国会を無視して、日英仏独露との間に二千五百ポンドの五国借款《しゃっかん》を成立させた。この金で武器を買い、軍隊を整え、議員を買収したおかげで、十月、形式的には議員の選挙によって正式の大総統に就任した。袁世凱は、十一月、国民党を解散させ、国民党議員の資格を剥《はく》奪《だつ》した。袁世凱はさらに大総統の権限を拡大させ、一九一四年十二月には実質世襲の大総統となった。

一九一五年、次項で述べる二十一カ条要求を日本から強いられた袁世凱は、七月、これをいちおう解決すると、十一月、帝政を復活し、みずから皇帝になることを宣言した。しかし、日英露仏は袁世凱に帝政延期を勧告し、国内においても、袁世凱子飼いの段祺瑞《だんきずい》と馮国璋《ふうこくしょう》さえも賛成せず、副総裁黎元洪《れいげんこう》は辞意を表明した。雲南から反袁世凱の第三革命の火蓋《ひぶた》が切られ、部下の広西将軍陸栄廷《りくえいてい》も独立したため、さすがの袁世凱もやむをえず三月に帝政を取り消し、民国の称号に復した。在位八十三日だった。

一九一六年六月、袁世凱は病死した。中華民国大総統には副総統の黎元洪が就任したが、北洋軍閥は、段祺瑞（安徽派）と馮国璋（直隷派）に分裂した。このほか満洲には張作霖《ちょうさくりん》、山西省には閻錫山《えんしゃくざん》、広東には陳炯明《ちんけいめい》、広西には陸栄廷、雲南には唐継堯《とうけいぎょう》など、中国各地に軍閥が立った。軍閥の混戦に拍車をかけたのは、第一次世界大戦への参戦であった。

一九一七年二月、アメリカはドイツと国交断絶し、中国をはじめとする中立国に参戦を要請した。国務総理であった段祺瑞は、参戦の条件として経済的援助を要請した。アメリカがこれに応じなかったので、日本はこれを好機として段祺瑞と接触し、寺内内閣の二年間に、三億円を超す巨額の借款を供与した。西原亀三が予備交渉にあたったことから、西原借款という。

日本の援助を得た段祺瑞は、参戦案を国会に上程しようとしたが、孫文ら旧国民党系の議員は参戦に反対し、大総統黎元洪と副総統馮国璋も同調した。黎元洪が段祺瑞を罷免《ひめん》すると、奉天督軍張作霖をはじめ、段と組んでいる各地の督軍や省長は独立を宣言した。黎元洪は督軍団の蜂起を恐れて、安徽督軍張勲《ちょうくん》に善後処置を頼んだ。

張勲は、黎元洪にせまって国会を解散させたので、地方の督軍は独立を取り消した。ところが、張勲は北京に入ると、一九一七年七月一日、清の宣統帝の復辟《ふくへき》を断行し、みずから直隷総督におさまって清朝を復活させたのである。このため、黎元洪は日本公使館に亡命した。天津に退いていた段祺瑞は、ただちに討逆軍を組織して北京を陥れ、馮国璋を大総統代理に推し、みずから国務総理となった。復辟は十二日で終わり、共和制は回復された。

しかし、軍閥の闘争は終わらなかった。北方では、馮と段の暗闘がくりかえされ、南方でも、護法のため広東につくられた軍政府のなかは四分五裂であった。一九一八年、第一次世界大戦が終了すると、中国の南北両政府はともに停戦を命じた。翌年、上海で南北の和平会議を開いている最中に、五・四運動が起こったのである。

二十一カ条要求と反日運動

一九一四年七月、第一次世界大戦が勃発すると、イギリスは同盟国日本に対独参戦を求めた。八月、日本はドイツに宣戦布告し、膠州湾《こうしゅう》から青島《チンタオ》の山東省のドイツ権益を接収したうえで、翌一九一五年一月、袁世凱に二十一カ条要求を提出した。以下にその内容を要約し、各項末尾のカッコ内に交渉結果を記す。

第一号「山東省に関する件」は四条ある。一、中国はドイツの権益の処分を日独間の交渉にまかせる（可決）。二、中国は山東省の内地と沿岸の島を他国に譲渡したり貸与しない（可決）。三、連絡鉄道の敷設権を日本にあたえる（借款優先権をあたえると修正）。四、中国は別にさだめる都市を開放する（可決）。

第二号「南満洲および東部内蒙古に関する件」は七条ある。五、旅順・大連租借、南満洲鉄道・安奉鉄道に関する期限をそれぞれさらに九十九年延長する（原起日から合算して九十九年と修正）。六、南満と東蒙における商工業または農業経営のため日本人が土地の貸借権または所有権を取得しうる（南満において、三十年ごとに無条件に更新しうる一種の永代租借権「商租」権をあたえると修正）。七、日本人は南満と東蒙において自由に居住、往来および営業しうる（地域を南満に限り、東蒙は中国人との合弁農業経営を認め、都市を開放する）。八、南満と東蒙において、諸鉱山の採掘権を日本人にあたえる（奉天・吉林南部の九鉱地の試掘・採掘と修正）。九、南満と東蒙において他国に鉄道敷設権をあたえたり、諸税を担保として他国より借款を起こすときは日本の同意を要する（可決）。十、南満と東蒙におけ る政治・財政・軍事の外交顧問教官には日本人を優先する（南満に限る）。十一、日本に九十九年、吉長鉄道の管理経営を委任する（鉄道の協定、協約を根本的に改定する）。

　第三号「漢冶萍《かんやひょうばい》煤鉄公司に関する件」は二条ある。十二、将来この公司を日中合弁とする。また公司いっさいの権利、財産の処分には日本の同意を要する（日中合弁になったときはこれを承認し、日本の同意なしに公司を没収したり、国有にしたり、外資を入れることはないと修正）。十三、公司所属の鉱山付近の鉱山の採掘を、公司以外のものに許可することや、公司に影響をおよぼす恐れのある措置をとることは公司の承認を要する（削除）。

　第四号「港湾島嶼《とうしょ》不割譲の件」は一条で、十四、中国沿岸の港湾および島嶼を他国に譲渡あるいは貸与しない（大総統令による声明で可決）。

　第五号「厳秘を求めたいわゆる希望条項」が七条あるが、二十条以外はすべて留保となった。十五、日本人を政治、財政、軍事の顧問に招聘《しょうへい》する。十六、中国内地における日本の病院、寺院、学校に対して土地所有権を認める。十七、必要な地方の警察は日中合弁とし、または日本人を招聘する。十八、日本から一定数量の兵器を供給するか、または日中合弁の兵器廠を設立する。十九、武昌と九江、南昌間を連絡する鉄道および南昌・杭州間、南昌・潮州間の鉄道敷設権を日本にあたえる。二十、福建省における鉄道、鉱山、港湾の設備に関し、日本資本家の優先権を認める（福建省沿岸に外国または外資による中国の軍事施設を置かないと修正）。二十一、中国における日本人の布教権を認める。以上である。

袁世凱は、厳秘のはずの第五号もアメリカに示して、欧米列強の干渉を期待した。しかし、英仏は日本を怒らせたくなく、アメリカはひとりで干渉するつもりもなかったので、袁世凱の期待は裏切られた。日本は、五月七日に最後通牒を袁世凱につきつけ、五月九日に袁世凱は受諾した。中国はこれを「五・七・五・九の国恥記念日」という。

この二十一ヵ条要求が、日本に留学していた中国人学生を反日に追いやったことは確かである。中国沿岸や満洲に日貨排斥運動も拡がった。しかし、北京における反日、反段祺瑞の学生運動「五・四運動」が起こったのは、四年もあとの一九一九年である。

二十世紀の世界史における最大の出来事は、ロシア革命と社会主義国家の成立であると私は思う。一九一七年のロシア革命のあと、一九一九年三月には、世界革命をめざすコミンテルンが結成された。これからあとの中国のナショナリズムと抗日運動の背景には、コミンテルンの指導があったにちがいないと、私は考えている。

ロシア革命（一九一七）とシベリア出兵

一九一七年、ロシアでメンシェビキ指導の二月革命が起こり、皇帝ニコライ二世が退位してロマノフ王朝が崩壊した。さらに十月革命で、レーニン指導の急進派ボルシェビキが世界初の社会主義政権を樹立した。ソヴィエト政府のはじまりである。

ソヴイエト政府は、帝政ロシアが結んだすべての秘密条約の失効を声明した。もちろん日露の秘密協約も公表し、無効とした。また、メンシェビキの臨時政府が続行を決めていた戦争をただちにやめることを決め、一九一八年三月、ドイツと単独講和を結んで、連合国の戦線から離脱した。

一九一四年に第一次世界大戦が勃発すると、チェコスロバキア兵はオーストリア軍に編入されて、東部戦線でロシアと戦ったが、オーストリアからの独立を願う兵はロシアに投降し、連合国側に立ってドイツ軍と戦っていた。

ところが、ソヴィエト政府が戦線を離脱してしまったため、五万のチェコ軍団が、シベリア経由で西部戦線の連合国側に移動することになった。一九一八年五月、シベリア鉄道で移動中のチェコ兵が、ロシアの捕虜となっていたドイツとオーストリアの兵と小競り合いを起こし、ソヴィエト政府と全面衝突になった。

チェコ軍は、次項のモンゴル独立宣言に登場する、コサック騎兵隊長セミョーノフと合流し、西部シベリアに反ソヴィエト政権を樹立した。英仏はこれを歓迎し、一九一八年六月、日本とアメリカに「チェコ軍救援」のためのシベリア出兵を要請した。八月、日本政府はアメリカ政府の提議に応じ、シベリア出兵を宣言、日本のシベリア出兵は、アメリカとの協議で一万二千人を派遣することになった。米軍七千人、英仏連合軍五千八百人であった。

日本軍は、小倉第十二師団の先遣隊《せんけんたい》がウラジヴォストークに向かい、九月にハバロフスクなど沿海州を押さえた。日本は独断でウラジヴォストークに増援部隊を送りつづけただけでなく、関東都督府指揮下の在満部隊の第七師団と第三師団でシベリア派遣軍を編成して、満洲里からチタに侵入させ、バイカル湖以東を制圧してしまった。一九一八年十月末には、シベリアに派遣された日本軍は七万二千人にのぼっていた。

一九一八年十一月、ドイツに共和制革命政府が樹立すると、第一次世界大戦がようやく終わった。翌一九一九年、英仏が後押しした西部シベリアのコルチャク政権が没落し、ロシア革命に対する連合干渉は失敗に終わった。一九二〇年一月、アメリカがシベリア撤兵を宣言、英仏もこれにならった。

日本軍だけが撤兵せず、シベリアに留まっていた間の一九二〇年五月、バイカル湖以東、いまのロシア連邦ブリヤート共和国の首都ウラン・ウデを中心に、極東共和国が成立した。この共和国は、ロシア革命への外国干渉軍に対する緩衝国《かんしょうこく》として、ソヴィエト政府の支持を得て創設された国家だったので、一九二二年十月、日本軍がシベリアから撤兵するとまもなく、ソヴィエト共和国に吸収されて消滅した。

こうして一九二二年十二月、ソヴィエト社会主義共和国連邦が成立したのである。

モンゴル独立宣言と満蒙独立運動

ここで、日露戦争後のモンゴルについて、まとめて述べておきたい。一九〇六年にはじまった清朝の生き残りをかけた行政改革には、対蒙新政策もふくまれていた。清朝建国以来のモンゴル王公を通した間接支配をやめ、駐留軍を増加するなど、多方面にわたる施策が予定され、仏教僧侶に対する優遇政策はなくなった。この新政策の清朝側責任者だった粛《しゅく》親王が、ゴビ砂漠の南、いまの内モンゴルの有力王公のもとをまわって意見を聴取したさい、ほとんどの王公は支持を表明したという。内モンゴル王公たちの命運は、すでに清朝と一体化していたのである。

これに対して、ゴビ砂漠の北のハルハ部では、対蒙新政策に対する反発が強かった。すでに一九〇二年ごろから、清朝はこれまでの蒙地保護政策を一変して漢人の入植を奨励し、内モンゴル諸部では牧地の減少がはなはだしかった。ハルハ王公と仏教界は、清朝政権の実権が漢人官僚の手に握られたことに不安を抱き、反清＝反漢感情が高まった。

一九一〇年、清朝は、蒙地における漢人の活動を制限するいっさいの法令を正式に廃止した。同年、新たに満洲人三多《サンドー》が庫倫《フレー》（現・ウランバートル）辦《べん》事《じ》大臣に着任し、モンゴル側の反対を押し切って新政策を実行したため、僧侶と漢人商人の争いが起こった。事態の打開に展望を見出せなくなったモンゴルの指導層は、一九一一年七月、フレーでの法会《ほうえ》のさい、ボグド山で秘密会議をおこない、王公と僧侶と人民の代表がロシアに援助を要請することを決めた。このようなときに、中国で辛亥革命が起こったのである。

中国各省が相次いで清から離脱しているという知らせを受けたハルハの王公・高僧たちは、一九一一年十二月一日、モンゴルの独立を宣言した。清朝大臣の三多はフレーのロシア領事館に保護を求めて、キャフタからシベリア経由で帰国した。十二月二十九日、仏教の高僧ジェブツンダンバ・ホトクト八世が元首に推戴《すいたい》されて、ボグド・ハーンとなった。これを中国では「外蒙古」と呼ぶ。

ボグドを中心としたモンゴル独立宣言は、ハルハ以外のモンゴル人の間にも大きな共鳴を呼び起こした。内蒙古四十九旗中三十五旗までがボグド政府のもとに合流することを望み、内モンゴル各地から多くのモンゴル人がフレーに来て、ボグド政権に参加した。のちの第二次満蒙独立運動の英雄、ジョソト盟熱河トメト部の「匪賊《ひぞく》」バブージャブ（パプジャップ）も馳せ参じた。

しかし内モンゴルの各地では、張作霖《ちょうさくりん》や袁世凱《えんせいがい》など中国側の軍閥との間で戦闘がはじまり、モンゴル軍はたちまち劣勢になった。日本の川島浪速《なにわ》が、旧知の清朝皇族、粛親王の妹の婿であるハラチン王をはじめ、そのほかのモンゴル王公に武器弾薬を援助した第一次満蒙独立運動が起こったのは、このころ一九一二年のことである。

ボグド政権が頼みとしたロシアは国際情勢を顧慮し、外モンゴルの地域に限って、それも中華民国の宗主権下での高度自治しか支援できないと、全モンゴル独立の支援を願うモンゴル側の要請をつっぱねた。それは、日露戦争後、日本と結んだ三度にわたる密約のせいだった。

一九一三年一月、モンゴルとチベットは、相互の独立を確認し合う条約を締結した。しかし、十一月の露中共同声明は、ロシアは外蒙に対する中国の宗主権を認め、中国は内政・通商・産業にわたる外蒙の自治権を認めるというものだった。一九一四〜一五年、この内容をモンゴルに押しつけるため、露蒙中の三者会議がキャフタで開催された。公式会議だけで四十回にもおよんだこのキャフタ会議で、モンゴルは中国の宗主権を認めさせられた。しかも「外蒙自治」だけで、内蒙古は中国領に留め置かれたのである。

ボグド政府のもとでさまざまな官職についていた内モンゴル王公のほとんどは、中国側がもとどおり領地の領有を許す恩赦の約束をしたので、それぞれの故郷へ帰った。しかし、前述のバブージャブは、ボグド政府が内モンゴルから軍を引き揚げたあとも、全モンゴルの統一を望んで、部下一千余騎とともに内蒙に留まった。バブージャブは平民出身だったが、内蒙戦で活躍してボグド政府から公（グン）の位をあたえられていた。一度は英雄あつかいをしたバブージャブに対して、ボグド政府は今度は討伐軍を派遣せざるをえなかった。

一九一五年六月、日本の援助を求めたバブージャブに対して、ふたたび川島浪速が動き、大陸浪人や予備将校、満洲駐留軍の一部も加わって、大規模な第二次満蒙独立運動が進められた。日本政府も当初は、中国皇帝の位をねらっていた袁世凱を牽制《けんせい》するため、この運動を暗に諒解していたが、一九一六年六月、袁世凱が急死したため、急ぎ作戦中止の命が出た。すでに作戦どおり南下していたバブージャブ軍は、各地で張作霖軍と戦闘をつづけながら北の草原に引き揚げる途中、バブージャブ自身は九月に林西《りんせい》で戦死した。

モンゴル人民共和国成立

一九一七年にロシア革命が勃発し、帝政ロシアが崩壊すると、日本はシベリア出兵をおこなうとともに、十七世紀からロシア領になっていたモンゴル系のブリヤート人を母とする、バイカル湖東のコサックの頭目セミョーノフの汎モンゴル国運動を支援した。

セミョーノフは、ブリヤートに内外蒙古とバルグをあわせた汎モンゴル国建設会議を、一九一九年二月、チタで開催した。この会議では、将来首都をハイラルに置くこと、ヴェルサイユ講和会議に代表を送ることなどを議決し、ある国つまり日本から多額の補助と借款をとりつけることを約束した。しかし、「外蒙古」ボグド政府はこれに反対し、日本からの援助は期待はずれとなったため、この汎モンゴル国運動は内部分裂を起こして、一九二〇年初頭に壊滅した。

一方、中国は「外蒙古」の完全回復をたくらみ、一九一七年四月に陳毅《ちんき》を庫倫《クレン》都護使《とごし》として派遣した。ところが、陳毅を出しぬいて、一九一九年十月、日本が後援していた安福派の軍閥、段祺瑞の部下の徐樹錚《じょじゅそう》が庫倫に入り、ボグド・ハーンの宮殿を武装兵士で囲んで、自治返上をせまった。同年十一月、大総統令をもって外蒙自治撤廃が公表され、翌一九二〇年旧暦正月、庫倫で自治撤廃の式典がとりおこなわれた。

中国軍が増強され、陳毅とモンゴル支配層の秘密交渉が噂されるようになった一九一八年末、モンゴルの主権回復を考える二つの集団が生まれた。下級役人中心の集団と、僧侶の多い集団が、一九二〇年六月に合体してモンゴル人民党が結成された。当初きわめて少人数の秘密組織だったモンゴル人民党は、五月に成立したばかりの極東共和国に七名の代表を派遣した。一方、ソヴィエト政府からの援助を待つフレー（庫倫）では、同志十六名が中国官憲に逮捕されて、人民党は壊滅状態におちいった。

極東共和国で四カ月も待たされていたモンゴルの人民党代表が、突然ソヴィエト政府から援助の約束をあたえられたのは、一九二〇年十月に、白軍を率いたウンゲルン男爵がモンゴル領内に入ったからである。その異常な残忍性から「気ちがい男爵」と恐れられたウンゲルンは、汎モンゴル国建設を計画したセミョーノフの部下だったが、ウンゲルン軍には、バイカル地方とオレンブルグのコサック兵八百騎に、モンゴル人、タタール人、中国人、ブリヤート人、朝鮮人のほか、日本人五十名が加わっていた。日本人の大部分は、かつてバブージャブ軍に参加した予備将校や現地除隊した者だったという。

フレーに入ったウンゲルン軍は中国軍を追い出し、一九二一年二月にボグド・ハーンを復位させたので、モンゴル人は最初かれを解放者として歓迎した。しかし、中国人と革命派を弾圧しただけでなく、ユダヤ人を皆殺しにし、暴虐のかぎりを尽くすウンゲルンにモンゴル人は恐れをなし、ボグド・ハーンまでも四月にはひそかに北京に救援を請うにいたった。北京は協議の末、張作霖に外蒙遠征を一任したが、張作霖は結局動かなかった。

一九二一年二月、革命の英雄スフバートルとチョイバルサンが、極東共和国側のキャフタを根拠地として義勇兵を募りはじめた。三月に極東共和国でモンゴル人民革命党第一回党大会が開かれ、革命臨時政府が樹立された。四百人のモンゴル義勇兵がキャフタ地域の数千の中国軍を南に追い払ったあと、北上してきたウンゲルン軍を破って、六月には七百人のモンゴル義勇兵と、ソヴィエト赤軍と極東共和国軍あわせて一万人がフレーに進撃した。七月、人民義勇軍は市内に入り、ボグド・ハーンを元首とする連合政府を樹立した。

一九二四年、ボグド・ハーンが死去したあと、十一月にモンゴル人民共和国が誕生したのである。このとき、首都フレーはウランバートル（赤い英雄）と改名された。

第八章 満洲帝国の成立

――ソ連の謀略と中国の排日運動、満蒙権益を守るための満洲建国

満洲帝国をめぐる歴史学の立場

一九三一年の満洲事変から満洲国建国、さらに一九三四年の満洲帝国の成立については、わが国ですでに数多くの書物が刊行されている。しかし私のみたところ、そのほとんどは日本国内の政治家と軍部の政策闘争の説明に終始している。満洲については、まるでその背景として存在したかのごとくである。

そこで本章では、できるかぎり満洲という土地の通史の一部として、事件をあつかいたいと思う。もちろん、日本の政策と満洲帝国の成立は不可分の関係にあるが、そもそも本書の執筆の目的は、満洲とはどんなところだったのか、なぜ日本人が大挙して出ていったのか、どのようにして中国の一部になったのかを、日本の読者にわかりやすく説明することにある。そういうわけで、日本の国内問題の詳細は、ほかの書物にまかせることにしたい。

いまでは、当時の日本だけが軍国主義で、軍部が暴走したようにみなされるが、そもそも中国自体が軍閥割拠の時代であり、世界中が欧米先進諸国の植民地と化していたことは、いまさら私がここでいうまでもない。日本がどこでどのような政策をとればよかったかは、これからも政治学や国際関係論の分野で議論を深めていくべき作業である。

歴史学としては、その土台となるべき史実を、できるかぎり正確に提示することこそが任務であると、私は考えている。満洲事変の背景となった中国のさまざまな問題について、このあと、なるべくわかりやすく説明したいと思うので、煩雑《はんざつ》で難解にみえるかもしれないが、我慢してつきあっていただきたい。

中国共産党の成立と第一次国共合作

一九一七年のロシア革命と、それを成功させたボルシェビズムは、すぐに中国知識人の関心を呼んだ。一九一八年、北京大学で李大釗《りたいしょう》を中心にマルクス主義研究会が開かれ、『新青年』誌を中心とした新文化運動がはじまった。五・四運動が起こった一九一九年五月には、『新青年』はマルクス主義特集号を出した。

しかし、『新青年』同人たちの主張は中国の民衆に対しては説得力がなく、孫文《そんぶん》の国民党も無力だった。孫文の民主主義の理念はすべて、「進歩的」なポーズをとっていた各地の軍閥に横どりされ、一般の中国人には孫文と軍閥の区別がつかなかった。

一九一九年三月、世界の革命運動の指導組織として結成されたコミンテルンは、はじめからアジアにおける革命に大いに関心を示した。一九二〇年、コミンテルン極東部長ウォイチンスキーはザルヒンの仮名をつかって中国を訪れ、三月、北京で李大釗に、ついで上海で陳独秀《ちんどくしゅう》に会った。これから一九二一年にかけて、上海、北京、広東、湖北、湖南、山東、さらにパリと日本に共産主義グループが組織された。

これらのグループが集まって中国共産党を結成し、一九二一年七月、上海フランス租界で中国共産党創立大会が開かれたことになっている。この大会を「第一次全国代表大会」(略して一全大会)という。このときの党員は五十七名で、毛沢東《もうたくとう》も参加しており、マーリンほか一名のコミンテルン代表も加わっていたという。陳独秀は欠席したが、最高指導者に選ばれた。

ソ連およびコミンテルンは、後進地域において、ただちに共産党の勢力を強大にすることはできないと予見していた。そこで、コミンテルン代表のマーリンは、共産党創立大会に出席したあとすぐに孫文に会い、共産党との合作を説得したのである。

一九二二年、中国共産党はコミンテルンの意を受けて国共提携の方針を決め、李大釗や陳独秀が、共産党員のまま国民党に入党した。一九二三年一月には、ソ連代表ヨッフェが孫文と会見、中国にソヴィエトの制度を移すことは不可能という共同宣言をおこなった。孫文はソヴィエト路線にもとづく国民党再編成に着手し、革命軍を編成するための準備として、蔣介石《しょうかいせき》を三カ月間ソ連へ派遣した。蔣介石は帰国後の一九二四年、広州黄埔《こうほ》の陸軍軍官学校の初代校長となった。この学校には周恩来《しゅうおんらい》も政治委員として派遣されてきた。

一九二四年一月、広州で国民党第一次全国代表大会が開かれ、「連俄《れんが》（ソ連と提携する）、容共《ようきょう》（共産党員の国民党加入を許す）、扶助農工《ふじょのうこう》」が決議された。これが第一次国共合作である。しかし中国各地では軍閥の闘争がいよいよ激しく、孫文は同年九月に北伐を宣言しただけで、一九二五年三月、「革命いまだならず」と遺言して、北京で病死した。

アメリカの中国学者フェアバンクによると、中国共産党の党員数は一九二二年に三百人、一九二五年に一千五百人であったのに対して、国民党は一九二三年に党員が五万人いたが、広州での地方軍閥以上のものではなかった。合作したあとの国民党の党員数は、一九二九年末に五十五万人にのぼったが、そのうち二十八万人は軍人で、上海の党員は官僚か警官であった。当時すでに四億人あった中国の人口における党員数の少なさに注目すべきである。

中国の軍閥

話をもどして、一九一九年に五・四運動が起こったとき、南北の軍閥は上海で和平会議を開いていた。しかし、五・四運動の影響で会談は決裂してしまい、このあと中国の軍閥はそれぞれ外国に後援されて、抗争に抗争をつづけることになる。

軍閥の起源は第六章ですでに述べたとおり、清朝末期の一八五一年に南方ではじまった太平天国の乱のさい、郷紳《きようしん》たちが自衛のために組織した義勇軍「郷勇《きようゆう》」「郷団《きようだん》」である。清朝は、この軍隊に対して、「就地自籌《しゆうちじちゆう》」（駐屯や進軍に必要な経費を現地調達してよい）を認めた。反乱が鎮圧されたあと、清朝政府は許可を取り消そうとしたが、すでに軍隊の既得権益と化していたこの慣習を完全に廃止することはできなかった。

第二章で述べたように、中国文明の本質は、もともと皇帝を頂点とする商業組織である。地方官は原則として無給で、一定の責任額を中央に送金した残りは合法的に自由にできた。つまり、中国の歴代王朝は、地方財政の構築や予算編成という発想をもたず、地方財政に必要な経費を獲得するためには、つねに臨時課税（捐《えん》）に頼るしかなかった。

地方の有力者であり地主でもある郷紳層は、あらゆる手を尽くして政府から捐の徴収を請け負い、匪賊からの防衛を名目に私兵をやしなって、地方の権力を手中にした。かれらは、徴税や小作料徴収や高利貸しなど、さまざまな名目で農民から苛酷《かこく》に収奪をした。

清朝を倒した辛亥革命のとき、地方新軍の長官となったのもこの階層で、一門や郎党を集めて地方政権をかため、より直接的に農民を支配するようになる。こうして誕生した軍閥は、さらに私兵を徴収し、それを維持する経費を得るための地盤の確保と拡大をめぐって、互いに抗争をつづけた。いつの時代も、中国の農民ほど無力なものはない。

満洲の軍閥・張作霖

東三省すなわち満洲の軍閥である張作霖《ちょうさくりん》は、南方の軍閥とは違って、第七章のはじめに述べた「保険隊」、別名「馬賊」の出身である。祖父の代に、故郷の河北では食べていけず、満洲に移住したらしい。二十歳で日清戦争に従軍したが敗戦で帰郷し、岳父の援助で、清代にはモンゴル人の土地だった遼西で保険隊を組織した。一九〇二年、清朝の奉天将軍増《ぞう》祺《き》に帰順したあと、ほかの匪賊の討伐と帰順に頭角をあらわし、日露戦争後の残務処理でも手腕を発揮した。

清朝がほろび、袁世凱《えんせいがい》が中華民国大総統に就任したあとも、東三省においては旧体制が温存された。清朝最後の東三省総督であった趙爾巽《ちょうじそん》は、中華民国奉天都督に横すべりし、張作霖率いる前路巡防隊は、陸軍第二十七師団に改編されて、張はその師団長兼陸軍中将に任命され、奉天に駐屯することになった。のちに張作霖の台頭を恐れた袁世凱は、かれを内蒙古地域に移動させようとしたが、反抗されて失敗に終わった。

袁世凱の死後、北洋軍閥は安徽派の段祺瑞《だんきずい》と直隷派の馮国璋《ふうこくしょう》に分裂し、段祺瑞は五・四の反日運動により大打撃を受けた。一方の直隷派も馮国璋が没して勢力が弱まった。馮国璋のあとを継いだ曹錕《そうこん》とその部下呉佩孚《ごはいふ》は、張作霖と提携して安徽派に対立し、一九二〇年七月、武力衝突を起こした。いわゆる安直戦争である。安徽派は、奉天派の援助を得た直隷派に惨敗した。張作霖を日本の関東軍が後援し、直隷派は英米が支持していた。

張作霖は、今度は長城を境にして直隷派と対峙した。南方の孫文と結んだ張作霖は、一九二二年に山海関を越え、四月に北京近郊で直隷軍と衝突した。第一次奉直戦争である。結果は奉天軍が完敗し、張作霖は軍を撤退して奉天に帰り、東三省《とうさんしょう》の独立を宣言した。

直隷派の曹錕と呉佩孚は、議員に賄賂を送って曹錕を大総統に選出させたので、奉天派、安徽派、南方の孫文らは反直隷で団結した。一九二四年一月に国共合作を成立させていた孫文は、九月に北伐を宣言、張作霖は軍を南下させ、山海関付近で第二次奉直戦争がはじまった。

一九二四年十月、熱河にいた呉佩孚の部下馮玉祥《ふうぎょくしょう》がクーデターを起こして北京に入り、直隷派が敗れて、十一月に戦争は終わった。このとき馮玉祥は、紫禁城から清朝最後の皇帝溥儀《ふぎ》を追放したので、溥儀は日本公使館に避難した。一九一二年、退位のさいに袁世凱が約束した、生涯紫禁城で生活するという条件を、溥儀は反故《ほご》にされたのである。

このあと北京で開かれた善後会議はなんら問題を解決できず、孫文は客死し、張作霖と馮玉祥の不和は大きくなった。張作霖の奉天軍は、日本軍の援助を頼んで、直隷、山東から江蘇へと勢力を拡大し、一九二六年四月に張作霖は念願の北京入りを果たしたのである。

蔣介石の北伐

一九二五年三月、孫文が病死したあと、七月に中華民国国民政府が成立した。主席は汪《おう》兆銘《ちょうめい》で、委員十六人の合議制であった。一九二四年の国共合作によって改組された国民党には、中央執行委員のなかにも共産党員が入っており、党の要職は共産党員で占められた。コミンテルンの援助はますます積極的になって、軍費、武器の供給はもとより、ボロディンなど数十名の軍事顧問を派遣してきた。

中国で大規模なゼネストが起こるのもこれからで、一九二五年には、五・三〇事件と呼ばれる、日系やイギリス系の紡績工場のストライキにはじまる反帝国主義の労働運動が沿岸各都市に波及した。

国民党のなかでの共産党の勢力が大きくなるなかで、蔣介石は軍事上の実権を掌握し、左派および共産党と対立するようになった。

一九二六年七月、共産党の反対を押し切って、蔣介石を総司令とする十万の国民革命軍が、北洋軍閥打倒戦争すなわち北伐を開始した。北伐がはじまると、共産党員は糾察隊《きゅうさつたい》、宣伝隊を編成し、軍に先行して労働組合、農民協会などの大衆組織をつくり、革命軍が来る前に、上海の労働者のストライキが孫伝芳《そんでんほう》の軍を上海から駆逐《くちく》したほどであった。

しかし、共産党と蔣介石はまもなく衝突し、一九二七年一月、武漢に移った国民政府は、蔣介石の実権を剝奪《はくだつ》した。蔣介石は戦闘中であったので、これに対応する処置をとることができなかった。さらに三月、蔣介石率いる革命軍が南京を陥落させたとき、英米宣教師殺害事件が起こった。揚子江上に待機していた英米の軍艦は、居留民保護の名目でいっせいに南京城内を砲撃し、ソ連の勢力拡大を嫌った英米仏日伊の五カ国は、蔣介石に抗議した。

四月、上海労働者が武装蜂起すると、蔣介石はついに反共クーデターを起こし、共産党員や労働組合の活動家をいっせいに逮捕した。蔣介石は南京に国民政府を樹立し、武漢と対立したが、七月には左派の武漢政府も共産主義者を除名することを決議し、ここに国共合作は破綻《はたん》した。このとき共産党員六万人の十分の一が殺害され、党員は各地に離散した。

蔣介石は一九二八年一月、北伐を再開した。五月に済南《さいなん》で、第二次山東出兵をおこなった日本の妨害にあったものの、六月八日、蔣介石率いる三十万の連合軍は戦わずして北京を占領した。国民革命軍の軍旗である青天白日旗が北京の空になびき、北京は北平に、直隷省は河北省になった。

張作霖爆殺される

蔣介石の国民革命軍が北伐を開始したとき、北洋軍閥は、張作霖を総司令にして革命軍に対抗しようとした。張作霖は一九二七年六月にみずから大元帥に就任し、つかのまの実権を手に入れる。しかし一九二八年に入ると、張作霖率いる軍は蔣介石の北伐軍に連戦連敗したため、革命軍の勢力が満洲にまでおよぶことを恐れた日本政府は、張作霖と奉天軍に満洲への引き揚げを勧告した。同時に日本は北伐軍に圧力をかけて、満洲にまで追撃しないように約束させた。

一九二七年四月に成立した田中義一内閣（外務大臣兼任）は、それまでの幣原喜重郎《しではらきじゅうろう》外務大臣の協調外交から、武断外交に転換したといわれている。しかし、どちらも日本の満洲権益の維持を重視したことに変わりはない。ただ、幣原は張作霖支持にはこだわらず、日本が軍事援助に出る場合は国際社会との協調も必要と考えた。これに対して、軍人出身であった田中は、北伐軍に武力で対処しようと三度にわたって山東出兵し、これが失敗すると、満洲を華北から分離して、張作霖による親日政権をつくらせたいと考えたのである。

ところが、張作霖を見限った日本の関東軍の一部勢力は、張作霖を殺して中国人の犯行にみせかけ、それを口実に部隊を出動させて、満洲を一気に占領しようと考えた。高級参謀河本大作《こうもとだいさく》大佐が中心となって謀略が進められ、六月三日、北京を発って奉天に向かった張作霖の乗った列車は、四日午前五時半、満鉄線と京奉《けいほう》線がクロスする満鉄付属地で爆破されたのであった。これを日本では「満洲某《ぼう》重大事件」と呼ぶ。最近の研究では、これもじつはソ連の謀略であったという説がある。

張作霖は重傷を負って奉天城内の自宅に運ばれ、午前十時過ぎに死亡した。しかし、奉天省長の臧式毅《ぞうしきき》は、張作霖の死亡を伏せて負傷と発表し、華北にいた息子の張学良を呼びもどした。張作霖の死亡が公表されたのは二週間以上経った六月二十一日で、混乱に乗じて出兵するという日本軍の計画は完全に失敗に終わった。

父の地位を継いだ張学良は、田中首相率いる日本側の交渉や威嚇《いかく》に応じず、東北軍閥として生きる道を捨てて北伐軍と講和した。一九二八年十二月に易幟《えきし》（それまで張学良が使用していた五色旗を国民政府の青天白日旗に易《か》える）を断行した張学良を、蔣介石は東北辺防総司令官に任命した。こうして満洲は、一夜で国民政府の統治下に入ったのである。

田中の満蒙強硬政策は完全に失敗に終わったため、日本の議会は、事件の真相追究と責任者処罰問題で田中首相を糾弾《きゆうだん》し、田中も天皇に責任者厳罰を上奏《じようそう》した。ところが軍からのつきあげで、田中は河本ら責任者を単なる行政処分のみに付すことにしたので、一九二九年七月、天皇からその不信を叱られ、総辞職した。

排日運動の激化

中国のナショナリズムがはじまったのは、一九一九年の五・四運動からである。満洲でも、これから国権回復《こっけんかいふく》運動が展開されるようになる。ここで、張作霖と張学良統治下の満洲について概説しよう。

張作霖の文治派官僚であった王栄江《おうえいこう》は、日露戦争時代に日本の軍政下に入った遼東半島南部の金州の出身である。張作霖に登用された王栄江は、まず日本の警察制度を導入し、省城各区域に派出所を設けた。つぎに、清朝末期には北京や他省からの送金に依存していた奉天省財政を、日本への短期借款で好転させた。一九二〇年には、朝鮮銀行券、横浜正金銀行券、ロシア・ルーブルを追放する目的で東三省銀行を設立し、一九二三年には奉天で開校された東北大学の初代校長に就任した。

王栄江は、政治姿勢としては「保境安民」をスローガンとし、東三省における国権回復に心をくだいた。満鉄と交渉して、張作霖政権による奉天〜海龍線の建設を認めさせたのも王栄江である。日本の奉天総領事は、かれを真の愛国者であると解説したが、満鉄からは排日家と断言されるにいたる。

王栄江は、張作霖が中国再統一をはかって軍閥戦争に復帰することに反対であった。東三省の財政は、もともと歳入のわずか十分の二で行政費、教育費、実業費、その他の諸費を支弁し、残りはすべて軍事費であった。王栄江は東三省の外に膨張しようとする軍事力を抑止し、それによって財政負担を軽減し、地域振興に専念しようとした。

しかし、張作霖はこれを聞き入れなかった。一九二六年に王栄江が辞任したあと、張作霖が北京に進出すると、奉天票は濫発《らんぱつ》され、暴落をつづけた。「保境安民」は、のちには日本側から張学良への要望となる。

張作霖の死後、二十七歳で満洲の実権を握った張学良は、東三省に高まってきたナショナリズムを背景に、さらなる国権回復運動を進めた。かれは激しい排日運動を展開し、満鉄に対しては二本の並行線を敷設、武装警官が日系の工場をおそって閉鎖を命じ、設備を破壊したり、鉱山採掘を禁止して坑道を壊したりした。張学良はまた、一九二九年七月に北満鉄道を強行回収したため、ソ連が国交断絶を通告し、ソ連軍が満洲里に侵入して満洲各地を占領するという結果をまねいた。ソ連とは十二月に講和を結んだ。

張学良政権の日本に対する国権回収運動の目的は、一九一五年五月に袁世凱政府との間に結んだ二十一カ条要求の第二号「南満洲および東部内蒙古に関する件」の取り消しであった。条約を無効とするなら、日本がロシアから継承した旅順・大連の租借権は、本来一九二三年で期限切れになるはずであるとして、「旅大《りよだい》回収運動」がくりひろげられた。

また、日本人への「土地商租権」を、中国侵略の手段であり領土主権の侵害であるとして、日本人に対する土地貸与《たいよ》を、売国罪、国土盗売として処罰する「懲弁《ちようばん》国賊条例」を適用、一九二九年には「土地盗売厳禁条例」「商租禁止令」など六十におよぶ法令を発して、土地・家屋の商租禁止と、以前に貸借した土地・家屋の回収をはかった。これによってもっとも苦汁をなめたのが、在満朝鮮人であった。

このほか、森林伐採権、鉱山採掘権などの否認、東三省における関東軍の駐兵権を条約上無効とする撤兵要求、満鉄の接収など、運動はエスカレートするばかりで、日本の満蒙権益は追いつめられていった。そのため、現地居留日本人の危機感は募《つの》り、窮状を打破するには武力による解決もやむなしとの機運が陸軍、ことに関東軍をおおっていった。

満洲と朝鮮人

満洲事変の原因の一つに、満洲に渡った朝鮮人の問題がある。この問題は、じつは北朝鮮の現況にも大いに関係があるので、とくに述べておきたい。

いまの中国と北朝鮮の国境は、長白山《ちょうはくざん》（朝鮮名・白頭山）に源を発し、東に流れる図們江《トメン》（朝鮮名・豆満江）である。日本海に流れ出る河口付近は、ロシアと北朝鮮の国境でもある。中国側にある吉林省の延辺《えんぺん》朝鮮族自治州は、満洲帝国時代には間島省《かんとう》といった。間島《カンド》という名称は、朝鮮語からの音訳である。

この地方は、もともと高句麗《こうくり》および渤海《ぼっかい》の領土で、清朝発祥の地でもあった。それで清朝では封禁令を出して、この一帯への農民の入植を禁じた。しかし、朝鮮人はつねに河を越えて入ってきたので、一七一二年、康熙帝《こうきてい》は白頭山に定界碑を建て、ほぼ現在の国境線をさだめた。

ところが李朝末期になると、朝鮮北部で干魃《かんばつ》などの自然災害と大飢饉が発生し、多くの朝鮮人難民がこの地方に移住した。少し遅れて漢人難民も流入し、朝鮮人よりやや北よりに定住集落をつくっていった。

沿海州をロシアに奪われ、この地方の重要性を認識した清朝は、朝鮮人を駆逐《くちく》することを決意し、一八八一年、朝鮮人の退去を李朝に通告した。しかし朝鮮側は、この地は朝鮮領であると主張し、二度の境界交渉でも解決がないまま、朝鮮人はふえる一方であった。

義和団事件以後、満洲に残留したロシア軍は、間島を朝鮮領とみなそうとした。つまり、もし間島が朝鮮（一八九七年から国名は韓国）領であれば、満洲からの撤退を余儀なくされても、間島には朝鮮領だからという理由で残れるからである。しかも、この一帯は、長らく一般人の居住が禁止されていたので、手つかずの大自然が残っており、木材伐採のできる原生林も、高価な野生の朝鮮人参も、希少な毛皮のとれる野生動物も、砂金も豊富にあった。

実際に、一九〇二年の日英同盟の圧力によって、ロシアが満洲からの完全撤兵に合意させられたとき、韓国皇帝から豆満江・鴨緑江流域での木材伐採権をあたえられたことを理由に、ロシアはこの事業に従事させるという名目で軍人を残した。これが日露戦争の一因となったのである。

朝鮮半島の外交権が日本に移り、統監府《とうかんふ》が設置された一九〇七年、日本は間島に派出所を置き、一時この地方は日本官吏によって監督された。その後、清国は、日本がもし間島で譲歩するなら、満洲諸懸案に対する日本側の主張を承認しようと申し出た。それで、一九〇九年、日本は清と間島条約を結び、この地が清領であることを認めたのである。

日本が韓国を併合した一九一〇年以降、朝鮮人はますますこの地に移住し、三〇年には その数は六十万人に達した。そのほとんどは貧農層で、漢人地主の小作人となった。 ソ連に誕生したコミンテルンは、一九二五～二八年、朝鮮国内における共産党の組織化に力を注いでいたが、力尽きて朝鮮国内における運動をあきらめた。一九三〇年、コミンテルンは、朝鮮共産党を中国共産党満洲省執行委員会の指導下に組み入れた。こうして、満洲のなかの間島が、朝鮮人の共産主義民族運動の場になっていった。

一九三〇年五月、中国共産党の指導のもと、間島の朝鮮独立運動派が貧農層を組織して武装蜂起した。「打倒一切地主、打倒日本帝国主義」をスローガンにかかげたこの間島暴動は、張学良支配下の東北官憲によって徹底的に弾圧された。本質的に地主・官僚・軍人政府である張学良の東北政権は、共産主義といりまじったこの朝鮮人民族団体を、むしろ日本帝国主義の手先と考え、弾圧の対象を政治団体から一般の朝鮮人にまで拡大した。

すでに一九二八～三〇年に、農業に従事する在満朝鮮人と中国人の対立紛争は百件を数えたという。一九三一年二月、国民党会議は朝鮮人の満蒙移住厳禁を決議し、「鮮人駆逐《せんじんくちく》令《れい》」によって朝鮮人を満洲から追放にかかった。行き場を失った朝鮮人農民は、長春の西北約二十キロの万宝山《まんぽうざん》に入植しようとした。

ところが、吉林省政府の警官隊は朝鮮人農民の退去をくりかえし求め、七月にはついに中国人農民が大挙してかれらを襲撃した。日本国籍をもつ朝鮮人保護を名目として、日本は武装警官隊を送って、この紛争を武力で押さえ込んだ。

さらに、それを韓国の新聞が中国の不法行為として大々的に報道したため、今度は韓国各地で排華運動が起こった。とくに平壌では数千人の朝鮮人群衆が中国人街をおそい、国際連盟が派遣したリットン調査団の報告書によると、百二十七人の中国人が殺された。これを万宝山事件という。満洲事変の直接の引き金となった事件である。

満洲事変

満洲事変の引き金となったもう一つの事件は、将来の対ソ戦にそなえて、地図作製のため興安嶺方面を偵察中であった中村震太郎大尉が、中国軍に殺害された事件である。関東軍はこれを満洲における武力発動の口実につかった。

一九三一年九月十八日、関東軍は奉天郊外の柳条溝《りゅうじょうこう》（柳条湖）で満鉄線路を爆破し、中国軍に責任転嫁をして総攻撃をはじめた。満洲事変の勃発である。

一万数百人の関東軍は、奉天、営口、安東、遼陽、長春など南満洲の主要都市をたちまち占領した。さらに独断越境した約四千人の朝鮮軍の増援を得て、陸軍中央や日本政府の事変不拡大指示にもかかわらず、管轄外の北満洲に進出した。十一月には馬占山《ばせんざん》軍との激しい戦闘の結果、黒龍江省の首都チチハルを占領し、翌一九三二年二月のハルビン占領によって、東三省を制圧するにいたる。

十万以上とも二十五万とも四十万ともいわれる張学良の東北軍は、主力の十一万は張学良とともに長城線以南におり、残留部隊も各地に散在していた。北平（北京）にいた張学良は、蔣介石の方針により、東北軍に不抵抗・撤退を命じた。当時、蔣介石率いる国民党は、全力を共産党包囲掃討作戦に集中しており、国内統一を最優先課題としていたのである。

ソ連は第一次五カ年計画達成に余念がなく、関東軍がチチハル、ハルビンを占領したにもかかわらず、中立不干渉を声明した。これが関東軍の発言力を高め、のちに陸軍中央や日本政府が現地解決を認める方針におちいる一因となった。さらにアメリカとイギリスは経済恐慌からまだ回復していなかったため、関東軍の軍事行動が思いのほかスムーズに進んだのである。

関東軍の満蒙領有論

満洲事変の軍事作戦の指導をおこなったのは、関東軍の板垣征四郎《いたがきせいしろう》と石原莞爾《いしはらかんじ》の両参謀で、本庄繁《ほんじょうしげる》軍司令官が軍事行動に全面的に同意した。関東軍の満蒙領有計画については、すでに多くの書物で語られているので、ここでは簡単に説明するにとどめる。

第七章で述べたように、一九一九年、武官制の関東都督府が廃止され、日本の官庁である関東庁が設置されると同時に、独立の在満軍事機関として発足したのが関東軍である。前身は鉄道守備隊であったが、日露戦争で勝ち取った日本の権益を守るために、満蒙の治安維持をみずからの任とするようになっていた。

中国は依然として軍閥割拠がつづいており、南京の国民政府は実質的に満蒙を支配する実力がなかった。中国全体の治安も悪かった。また、日露戦争で日本が勝利しなければ、満蒙はロシア領になっていたはずで、この戦争に中国政府は何一つ貢献しなかった。それにもかかわらず、いまになって国権回復といって、「十万の生霊《せいれい》、二十億の国帑《こくど》」を費やして日本が得た正当な権益を攻撃し、日本人が長年にわたって開拓したものを無償で返せというのは許せない、と軍人だけでなく、当時のふつうの日本人も考えた。朝日新聞をはじめとする日本のマスコミも、満蒙問題の根本的解決には武力行使もやむをえず、という論調が主流になっていた。

そのうえ、関東軍としては国防問題がより深刻になっていた。朝鮮と満蒙にはすでに共産主義運動が広まっており、一九二八年からはじまったソ連の第一次五カ年計画では、西部シベリアが開発され、特別極東軍も整備されつつあった。張学良が東支鉄道（かつての東清鉄道）を強行回収したことに端を発する一九二九年の中ソ紛争では、ソ連が新設したばかりの特別極東軍は、装備の近代化を進めていた張学良軍を圧倒した。

このとき、「もしも日本が満蒙になんらの勢力をも有していなかったならば、ロシア軍はおそらくいささかの躊躇《ちゆうちよ》もなく、北満一帯はおろか南満洲の武力占領もあえて辞さなかった」だろうと板垣征四郎は述べた。かれはさらに、「満蒙の赤化《せきか》はただちに朝鮮の治安を乱し、朝鮮の治安が乱れれば日本内地の治安に影響す」ると考えた。

北に向かう軍隊といわれた関東軍にとっての満蒙は、革命の総本山ソ連に対峙する最前線であった。対ソ戦の観点からみれば、日本が特殊権益をもつ南満洲、東部内蒙古にとどまらず、北満洲からソ連を追い、日本の国防戦を黒龍江から大興安嶺にわたり、ホロンブイルを前線として設定する必要があった。この考えが、満洲帝国建国の原動力となったのである。

一方、有名な石原莞爾の満蒙領有論は、「日米開戦は避けることのできない世界史上の必然であり、支那問題、満蒙問題は対支問題に非ずして対米問題である。世界最終戦としての日米戦争を闘うつもりがないのなら、満蒙も必要でなく、軍備も放棄してしまったほうが、小手先で戦争回避の手段を弄《ろう》するよりはるかに日本のためである」というものであった。

石原はまたこうもいった。「支那人がはたして近代国家をつくりうるやすこぶる疑問にして、むしろわが国の治安維持のもとに、漢民族の自然的発展を期するをかれらのため幸福なるを確信する」「満蒙は満洲および蒙古人のものにして、満洲蒙古人は漢民族よりもむしろ大和民族に近い。日本の努力が減退すれば満蒙も中国と同じ混沌《こんとん》状態におちいる」。

満洲国の建国

関東軍の満蒙領有計画は、しかし、満洲事変勃発からわずか四日後の九月二十二日に、独立国家案へと後退した。一九三一年四月に陸軍参謀本部が想定していた満蒙問題解決策は、第一段階が国民政府主権下の親日政権樹立、第二段階が独立国家樹立、第三段階が満蒙占領であったが、軍首脳部では第一段階ですら反対の機運が強かった。

事変勃発後、参謀本部は石原らに対し、清の廃帝溥儀を首長とする親日政権を樹立すべきであると主張した。そこで石原は、国防を日本に委任し、鉄道・通信を日本の管理にゆだねることを条件として、日本の保護下に満蒙を独立国家とするという解決策を出した。

すでに現地では、反張学良の有力者が、関東軍の働きかけもしくは脅迫によって、各地に政権を樹立していた。九月二十四日には袁金鎧《えんきんかい》を委員長、于冲漢《うちゅうかん》らを副委員長とする奉天地方自治維持会（九月二十六日に遼寧省地方自治維持委員会に改組）が組織され、二十六日には熙洽《きこう》を主席とする吉林省臨時政府、二十七日にはハルビンで張景恵《ちょうけいけい》が東省特別区治安維持委員会を樹立した。黒龍江省の洮南《とうなん》に勢力をもつ張海鵬《ちょうかいほう》も、辺境保安総司令として、蔣介石の中央政府からの独立を宣言した。

一方、中国は九月二十一日に国際連盟に柳条溝事件を提訴し、二十三日には国際連盟が緊急理事会を召集した。これに対して、日本の若槻礼次郎《わかつきれいじろう》内閣の幣原《しではら》外相は、事変不拡大と関東軍の早期撤兵を国際的に表明した。ところが十月八日、関東軍は張学良の満洲における最後の拠点錦州《きんしゅう》を爆撃した。幣原外相の協調外交は、こうして葬り去られたのである。日本国内の世論は関東軍の行動を支持したので、十一月には社会民衆党も満洲事変支持を決議、十二月に若槻内閣は倒れ、満蒙問題の処理に関して関東軍が主導権を掌握した。日本政府も関東軍が進めていた独立国家建設工作を追認し、一九三二年一月八日には、天皇も、関東軍の軍事行動をたたえる勅語を発した。

一九三二年二月十六日、奉天に張景恵、臧式毅、煕洽、馬占山の四巨頭らが集まって、東北行政委員会が組織された。三月一日、かれらのほか、熱河省の湯玉麟《とうぎょくりん》、内モンゴル哲里木《ジェリム》盟長の斎默特色木丕勒《チメトセムビル》、ホロンブイル副都統の凌陞《リンシエン》を委員とし、張景恵が委員長を務める東北行政委員会が満洲国の建国宣言をおこなった。これにともない、前年十一月に土肥原《どひはら》賢二・奉天特務機関長によって天津の日本租界から連れ出されていた清朝最後の皇帝溥儀が、執政という名の元首についた。

国体は民本主義、国旗は赤・青・黒・白・黄色の新五色旗、年号を大同《だいどう》、首都を新京（長春）とさだめ、王道楽土の建設と五族協和を綱領とした。この五族は、漢人・満洲人・モンゴル人・日本人・朝鮮人であるが、満洲国の「五族協和」は、清朝の満・漢・蒙・蔵・回を起源とする、中華民国の「五族共和」をあきらかに意識していた。

一九三四年三月に執政溥儀は皇帝に就任し、満洲帝国が成立した。このとき年号は康徳と改められ、博儀の紋章は、日本皇室の菊の御紋章にならって、蘭の花となった。

日満議定書

天津から脱出したあと、関東軍によって旅順に隔離されていた溥儀は、三月九日に長春で執政に就任する直前、秘密裏に、本庄繁関東軍司令官あての書簡に署名させられていた。その内容は、次の四項目である。

一、満洲国は、国防および治安維持を日本に委託し、その経費は満洲国が負担する。

二、満洲国は、日本軍が国防上必要とする鉄道・港湾・水路・航空路などの管理や敷設を日本または日本が指定する機関に委託する。

三、満洲国は、日本軍が必要とする各種の施設を極力援助する。

四、日本人を満洲国参議に任じ、その他の中央・地方の官署にも日本人を任用し、その解職には関東軍司令官の同意を必要とする。

この書簡は一九三二年九月十五日に締結された日満議定書の付属文書とされたが、戦後になるまで公表されることはなかった。その日付も、執政就任後と改竄《かいざん》されている。

さて、満洲事変勃発からほぼ一年後に、ようやく、日本国は満洲国を正式に承認した。国際連盟を恐れた日本政府、とくに犬養毅《いぬかいつよし》首相が、満洲国承認をしぶったためである。しかし、五・一五事件で犬養首相がテロに倒れた一カ月後、衆議院が満場一致で満洲国承認を決議したので、リットン委員会が報告を提出するのに先立って、関東軍司令官兼駐満全権大使の武藤信義《むとうのぶよし》と満洲国総理の鄭孝胥《ていこうしょ》の間で、日満議定書の調印がおこなわれた。

議定書は以下の二カ条から成り、さらに先の秘密書簡の内容が確認された。

一、それまで日本国または日本国民が、日華両国間の取り決めおよび公私の契約によって満洲国領内にもっていたすべての権利と利益を無条件で承認する。

二、日満両国による共同防衛を約し、日本軍が満洲国内に駐屯することをさだめる。

満洲国をめぐる対外関係

一九三一年十月八日に関東軍が錦州を爆撃したころから、アメリカは一九二二年のワシントン会議で調印された九カ国条約に違反するとして、日本の行動を非難するようになった。二十四日、国際連盟理事会が日本軍に対し、満鉄付属地に撤兵する勧告案を討議したが、常任理事国であった日本が拒否権を行使し、不成立に終わる。十一月に連盟理事会が再開されたときには、すでに関東軍はチチハルを占領しており、十二月の理事会決議は調査団の派遣というものにすぎなかった。

イギリス人のリットン卿を代表とし、仏、伊、独、米の委員、計五人のリットン調査団は、一九三二年二月末、まず日本を訪問し、天皇に謁見《えっけん》し、政府・軍要人から事情を聞いた。その後、南京で蔣介石と、北京で張学良と会談し、四月に満洲に入って六週間滞在した。十月に公表されたリットン報告書は、日本軍の武力行使が自衛のためではなく侵略行為で、不戦条約に違反し、中国の主権を侵《おか》していると指摘した。

しかし、結論部分では、単なる原状回復ではなく、日中間に新しい条約を締結させ、満洲における日本の本来の権益を確保させることや、満洲には中国の主権の範囲内で広範な自治を認める自治政府をつくり、その政府に日本人をふくむ外国人顧問を任命する方向で解決をはかるべきだと勧告していた。

一九三三年二月、国際連盟総会はリットン報告書を承認し、満洲国不承認を決議したため、三月、日本は国際連盟を正式に脱退した。

日本側の言い分は、中国が組織化された国家でなく、国内が極度に混乱し、諸国間の通常の関係を規制する国際法を適用できない、というものであった。中国側こそがそれまで日中間の諸条約を無視しつづけ、日本の権益を侵害してきたからである。

日本は、一九一九年のヴェルサイユ条約と国際連盟規約に署名した四大国の一つで、国際連盟常任理事国であった。アメリカは、民族自決をかかげたウィルソン大統領が国際連盟の呼びかけ人であったにもかかわらず、上院の反対で連盟には不参加だったし、ソ連ははじめから連盟の枠外だった。国際連盟は結局、欧州以外の地域の紛争の平和的解決には無力だったのである。

国際連盟総会が満洲国不承認を決議する前日、関東軍は熱河《ねっか》省へ侵攻作戦を開始しており、三月には熱河省承徳《しょうとく》を占領していた。熱河省は万里の長城の北側で、もともとモンゴル人の遊牧地だったところである。熱河省は満洲国建国時には東北行政委員会に参加したが、そのあと態度がさだまらなかった。関東軍は張学良がここに留めた十三万五千人の東北軍を長城の南に追い出し、四月、長城線を越えて華北に侵入し、五月には通州を占領、北平にせまった。

蔣介石は、瑞金《ずいきん》の中国共産党軍に対する第五次掃共戦を優先しており、日本との徹底抗戦は避けたかった。五月末に塘沽《タンクー》で成立した日中間の停戦協定では、日本軍はおおむね長城線に帰還し、その南の東西二百キロ、南北百キロの地域を非武装化するというものであった。中国国民政府は、一九三四年十二月、満洲帝国と通郵協定、設関協定を結んだ。

欧州では、一九三四年、満洲帝国が成立したあとの九月、ローマ法王庁が満洲帝国を承認、のちイタリア、スペイン、ドイツなどがつづいて承認した。最終的には、承認した国が十五、事実上承認した国が二十三で、ソ連とは建国以来国境紛争をくりかえしたが、事実上承認の関係にあった。

第九章

日本史のなかの満洲

——官・民あげて満洲投資、最大二百二十万人の日本人が満洲に

日本史のなかの満洲

一九四五年八月に日本が大東亜戦争（太平洋戦争）に敗れたとき、満洲帝国には軍人をふくめ約二百二十万人の日本人がいた。壮年男子を徴兵されたあとの二十二万人の開拓移民のうち一万人以上がソ連の侵攻で殺され、シベリアに抑留された六十万人のうち六万人が命を失った。それ以外にも、引き揚げまでの収容所生活で、十三万人が伝染病や栄養失調などで亡くなった。そして、生き残った日本人はほとんど全員内地、つまりいまの日本国に引き揚げたのである。

日本人が建てた満洲帝国とこれらの日本人の歴史は、日本史の一部ではないだろうか。もちろん、いまではそこは外国であるし、当時でも日本とは異なった伝統や文化をもつ場所であった。しかし、戦争の歴史は別にして、戦後の日本史がこの人びとを、勝手に外国に渡った例外の日本人としてあつかうのは、学問的に正確ではない、と私は思う。

また、日本人だけを取り上げ、日本的な見方だけで論じるのも、同じくらい学問的ではない。当時の現地が、いまの日本とはまったく違った社会であったことを、私たちは知る

満洲帝国の領土

宮脇淳子『モンゴルの歴史』（刀水書房）より作成

必要がある。それと同様に、いまの中国とも違っていたことにも留意しなくてはならない。

満洲帝国やノモンハン事件などについて書かれた日本の書物を読んで、私が歯がゆく思うのは、現代日本からみた、それもあくまで日本人の目からみた善悪に興味が集中していて、現地の情況についての考察が少なすぎることである。満洲も朝鮮半島も中国も、ふつうの日本人の想像を絶することばかりがつぎからつぎへと起こった。対処があまりに稚拙《ちせつ》だったというのはたやすいが、ではどうすればよかったかを、正確な史実をふまえたうえで、私たちはもう一度、しっかり考えてみる必要があるのではないだろうか。

本章では、日本の敗戦までの十三年半におよぶ満洲国から満洲帝国の治世を概観するが、目的はあくまで今後の研究のための土台づくりである。ここでは、支那事変から大東亜戦争にいたる歴史については、満洲帝国との関連においてのみ説明する。歴史的評価のさだまっていないことばかりであるから、史実と認定できるものだけを提供したいと思う。

満洲の人口

一九三二年に満洲国が建国されたとき、日本人は、租借地《そしゃくち》である関東州の旅順《りょじゅん》、大連《だいれん》をふくめ、奉天《ほうてん》、撫順《ぶじゅん》、鞍山《あんざん》、長春《ちょうしゅん》などを中心に約二十四万人いた。当時の満洲国の総人口はおよそ三千四百万人で、漢人八三パーセント、満洲・蒙古《もうこ》人一五パーセント、日本・朝鮮人二パーセントであったと、当時の書物にある。しかし、中国史における数字の不確かさは、つねに歴史学者の悩みの種である。数字の誤りに関しては、訂正するのにやぶさかではない。

満洲がいかに新開地であったかを数字の上からみてみると、日露戦争前の一九〇四年にシベリア鉄道が完成したとき、満洲の人口は、百万人いたとも数百万人だったともいわれている。およそ五百万人という説もある。それが一九一一年の辛亥革命のころには一千八百万人、一九一五年には二千万人になっていた。

一九三八年には総人口三千九百万人で、漢人と満洲人が三千六百万人、朝鮮人が百万人、蒙古人が百万人、日本人が満洲帝国に五十二万人、関東州に十八万人、回教徒が十七万人、ロシア人が五万六千人などであった。敗戦時の軍人をのぞく日本人が百五十五万人であったことを考えると、日本人はこのあと大量に移住したということになる。

支那事変後の一九四一年、満洲帝国の総人口は四千三百万人になっていた。同年、満洲帝国と華北政府との間で満洲への移民協定が結ばれ、華北の労働協会から多くの労働者が満洲へ送り出されたが、すでにそれ以前から、満洲への人口流入は、一九二七〜二九年には年間約百万人、最高記録は一九四〇年の百三十万人であった。このあと、一九四一年に九十一万人、一九四二年に百六万人、一九四三年には七十八万人の中国人労働者が満洲に渡った。

中国の近現代史では、たとえば一九四〇年に満洲へ流入した労働者のうち、四十二万人が強制連行被害者というが、本書ではこのような問題はすべて保留としたい。

満洲青年連盟と大雄峯会

満洲帝国における日本人の話をするとき、はじめに述べなくてはならないのが、一九三二年の満洲国建国を下から支えた、満洲青年連盟と大雄峯《ゆうほう》会の人びとである。

満洲青年連盟は、在満のいろいろな職業の日本人が、中国人の排日運動に対して民族協和を唱道するために、一九二八年十一月に結成した団体であった。柳条溝事件のあと、関東軍は、満洲青年連盟員に、満洲の産業・交通・通信の復旧や商務会、農務会の掌握といった政略工作を担当させた。連盟員はまた、東北交通委員会の設立や、鉱山、電話局、被服廠、兵工廠などの官営事業の復興、行政機構の再編にも参画し、関東軍と協議して「地方自治指導部設置要項」を策定した。

一方、大川周明《おおかわしゅうめい》と笠木良明《かさぎよしあき》のアジア復興の思想と仏教的信仰を根幹とする大雄峯会会員八十名も、関東軍幕僚の求めに応じて建国運動に協力、地方自治に会をあげて参加することになった。

一九三一年十一月、関東軍は、地方各県の治安維持・自治建設のため、奉天に自治指導部を設立した。部長には、張作霖の文治派官僚として東三省の「保境安民」に心をくだき、日華親善に力のあった于冲漢《うちゅうかん》を引っ張り出した。自治指導部は、各県レベルでの建国工作に大きく寄与し、建国後の三月十五日、任務を終えたとして廃止になった。このとき、部員数は二百三十四名に達していた。しかし、満洲青年連盟系と大雄峯会系との間には確執もあり、みなが新政府の官吏になれたわけではなかった。

満洲青年連盟の山口重次や小沢開作らは、自治指導部の継承として満洲協和党を結成した。石原莞爾《いしはらかんじ》がこれを支援し、一九三二年七月、資本主義、共産主義、三民主義を排撃することを目的とした満洲国協和会が国務院で発足した。一国一党の政党であったが、名誉総裁溥儀、名誉顧問本庄関東軍司令官、会長鄭孝胥《ていこうしよ》国務総理で、経費は国庫補助金から出たため、真の指導力は関東軍が握り、政府の補助機関と化してしまった。

一方、大雄峯会系の人びとは、政府に新たに設置された資政局に地歩を占めたが、王道にもとづく建国精神の宣伝や自治思想の普及ばかり唱道したため、こちらもたちまち総務長官の駒井徳三《こまいとくぞう》と衝突、近代的法治国家の形成を急ぐ政府中枢部とも対立し、資政局は四カ月で解散となった。資政局の訓練所は大同学院に改組され、自治指導部以来の「理想主義の夢」を継承した大同学院は、満洲帝国解体まで、十九期約四千人の卒業生を輩出した。政府職員となった自治指導員は、県参事官となり、一九三七年から副県長と改められた。

満洲国の行政組織

ここで満洲国の行政組織の説明をすると、執政のもとに、立法、行政、司法、監察の四権分立制をとることとされ、具体的には、立法院、国務院、法院、監察院の四院によって中央政府が構成されることになった。しかし立法院は、執政のもつ立法権のうち、法律案と予算案に対して可決するだけの機能しかもたなかった。立法院が否決しても執政は再議に付すことができるし、否決されても、参議府に諮《はか》って裁可公布できるなど、立法院の権限はきわめて限定されていた。その立法院ですら、関東軍は名目的なものにとどめ、開設しない方針だった。

国務院が行政府で、日本の内閣にあたる。国務院総理大臣（当初は国務総理）が唯一の国務大臣で、初代が鄭孝胥、二代目が張景恵《ちょうけいけい》であった。その下に総務庁があり、総務長官は日本人が任命されて実質的な権力を握り、実際の行政を担当した。これが総務庁中心主義ないし国務院中心主義と呼ばれた統治形式である。

総務庁は、日本でいうなら、企画院と法制局と内閣情報部をあわせたようなものであるが、その権限も仕事の内容も、これら三者を合併したものにくらべて著しく大きく、満洲国の中枢神経のような役目を果たした。総務長官主宰のもとで、日系の各部総務司長ないし次長、処長などが参加して開かれる定例事務連絡会議、いってみれば官制上なんら根拠のない会議で、満洲国の政策が実質的に決定された。

つまり、満洲国のち満洲帝国では、日本人の総務長官が国政上の機密や人事、財政を掌握し、各処に配置された日系官吏の手によって重要政務が決定、遂行されたのである。予算編成についても、立法院が開設されなかったため、主計処の日系官吏が決めた予算が決定予算とされ、国務院会議の議決も参議府の諮詢《しじゅん》もまったくの形式的手続きに終始した。

日本の省にあたるのが部で、財政部、軍政部、民政部、文教部、司法部、外交部、蒙政部、実業部（経済部、産業部とも）、交通部があった。日満定位といって、部長や司長は満洲人が任命されたが、副部長や次長、代理の職にある日本人官僚が実際の業務を牛耳《ぎゅうじ》っていた。

日満比率は、日系官吏と満洲人の割合である。総務庁や国都建設局のような上級の政府組織では日本人七対満洲人三、財政部、実業部などで六対四、民政部で三対七、各地方の官公署で二対八だった。ここでの満洲人は、もとの民族ではなく、漢人をふくめた現地人の意味である。満洲語という名称も、満洲で通用する中国語の一方言という意味に変化してしまった。日系官吏の数は全官吏の三〇パーセントに達し、日本語が公用語とされたのである。

関東軍は、日本人官吏に対する任免権をもっており、政治、行政上の重要事項および日系官吏の採用などの決定に関しては、総務庁から関東軍参謀部第三課（のちの第四課）に連絡をし、その審査を経て承諾を得ることが要求された。これが関東軍の内面指導と呼ばれたものである。

日満一体の行政へ

一九三二年八月、板垣征四郎を除いて、建国を主導した幕僚たちは関東軍から転出し、関東軍司令官が、満洲派遣特命全権大使と関東庁の長官を兼任して三位一体制をとることになった。関東軍司令官が本庄中将から武藤信義《むとうのぶよし》大将に、参謀長が橋本少将から小磯國昭《こいそくにあき》中将に格上げされたのは、日本軍部の満洲国への組織的進出と、日本政府内での満洲国統治に対する発言力の強化をめざすものであった。

一九三四年十二月、在満行政機関を統合する対満事務局の設置と関東庁の廃止によって、二位一体といわれる体制が実現した。この機構改革によって、それまで日本の外務省、拓務省がもっていた在満行政権のほとんどを、関東軍司令官が統括することになった。

日本の陸軍大臣を総裁とする対満事務局には、日本の大蔵、外務、内務、拓務、商工、陸軍などの関係各省の局長をもって構成する参与会議が付設され、各省の満蒙に関するエキスパートが事務官として集められた。日本政府が総体において満洲帝国統治に参画し、政策調整にあたることになったのである。

満洲帝国という外国の官僚となるために退官した者に対しても、満洲帝国官吏としての在職年数を日本のそれに換算して復職を保証するという制度の検討が、一九三六年からはじめられ、一九四〇年に公布された。しかし大東亜戦争がはじまり、一九四二年十一月に大東亜省が設置されると、拓務省と対満事務局は廃止され、大東亜省内に満洲事務局が設置された。

ところで、一九三七年十二月、日本は関東州の治外法権を撤廃し、満鉄の付属地行政権を満洲帝国に移管した。しかし、これによって日本人の特権的地位が失われたわけではなく、日本人の在満権益がすべて公式に確認されることになったのである。日本人の対満進出を容易に進めるために、日本と満洲帝国の行政の一体化がはかられたのであった。

治外法権撤廃に先立って、満洲帝国では、一九三七年七月に監察院が廃止され、刑法、刑事訴訟法、民法、商人通法などの商事諸法、民事訴訟法、強制執行法などの法令の日本化がいちおう達成された。こうして、独立国家としての体裁を整えた満洲帝国は、日本の各省からの日系官吏の投入によって産業開発重視時代に入る。

三期にわたる経済建設

満洲国から満洲帝国の十三年半の間に進められた経済建設は、三期に分けられる。

第一期（一九三二〜三六）には、国内治安の維持、国家機構の整備と並行して、既存産業の再編成、基礎産業および輸送通信機構の建設をおこなった。この期間に日本の資本は満鉄を通じて流入したので、満鉄は満洲帝国の経済建設の主役となり、全満洲の鉄道を支配し、北満洲に戦略鉄道を建設したばかりでなく、鉄鋼、炭鉱、液体燃料、軽金属、化学工業、電気などの企業も経営した。この五年間の対満投資は十一億六千万円にのぼったが、そのうち八〇パーセントは満鉄への投資であった。

第二期（一九三七～四一）は、第一次産業開発五カ年計画をもって特色づけられる。鉄工業部門の開発を主眼とし、国防産業の建設を目的とした。ところが、支那事変の進行にともない、欠乏した軍需原料を日本が満洲に求めたため、五カ年計画は日本の必要に応じて修正拡張をくりかえすことになった。

修正の重点は鉄・石炭・液体燃料・電力部門の拡大で、資金計画も当初の二倍以上になったが、開発資材がこれにともなわなかったので、最後まで資材不足に悩みつづけた。それでも日本からの投資は四十億円に達し、鉄工業部門では、鋼材二六四パーセント、石炭一七八パーセント、電力二四一パーセントと相当の成績をおさめ、重工業の基礎を築くことができた。しかし、農業部門は大豆の八五パーセントが示すように、著しい停滞をみせた。

第三期（一九四二～四五）には、第二次五カ年計画が強行された。この計画は、最初から日満華一体として立案され、石炭と農産物に最高重点を置き、鉄鋼以下にも全力を注ぐこととし、インフレ対策として重工業偏重を修正、軽工業部門も育成し、軍需と民需の対日供給と国内自給に努力するという、困難な任務が課された。

ところが、鉱工業部門においては労働力も資材も欠乏し、大東亜戦争の激化もあって、計画の遂行は困難をきわめた。それにもかかわらず、一九四三年の農工業総生産額が、満洲としては空前の水準に達し、ほぼ予定の対日供給を遂行しえたのは、満洲帝国の行政が一時相当の浸透をみせた結果であるといわれる。しかし、これは他面からすれば、農産物の強制集荷、石炭その他の内需の圧迫にみられたように、国民に大きな犠牲を強いた結果でもあった。

満洲への日本の投資

さて、日本の満洲への投資について、満鉄時代からもう少しくわしくみてみよう。

第六章で述べたように、ロシアの東清鉄道のゲージは広軌の五フィートであったが、日露戦争中に機関車も貨車もロシア軍が持ち去っていたので、日本の大本営は鉄道部隊を送り込んで、軌道を日本と同じ狭軌三フィート六インチ（一〇六七ミリ）に改築し、日本から機関車や貨車を占領地に送り込んで鉄道輸送をおこなった。そのため、東清鉄道の線路をロシアから譲渡されたとき、すでにその多くは日本国内と同じ狭軌であった。

満鉄の軌道は、朝鮮や中国大陸と同じ標準軌一四三五ミリにすることが決められたため、まず軌道を改築する工事が強行された。一九〇八年五月からようやく標準軌での営業がはじまったが、機関車の製造はまにあわず、創業から二年間に満鉄が保有した標準軌用機関車二百五両はすべてアメリカ製であった。みずから機関車を製造したのは、一九一三年のことである。客車も、食堂車や特等車はアメリカから輸入した。

一九三二年三月、満洲国建国が宣言されたあと、六月には貨幣法が公布され、満洲中央銀行が設立された。七月から、日本の大蔵省・内務省・逓信省・司法省など行政テクノクラートがぞくぞくと満洲国に派遣され、十二月一日には日本の大使館が開設された。

一九三三年二月、満洲国政府は、張作霖や張学良がつくった鉄道を国有化したうえで、その経営をすべて満鉄に委託し、新線建設も請け負わせた。また、同年八月から開始された満洲国とソ連との交渉で、ロシアが建設したかつての東清鉄道は、一九三五年三月に満洲帝国に買収され、国有鉄道となった。この北満鉄路も満鉄が経営した。

満鉄は、三億五千五百万円を投資し、三井・三菱・住友・大倉・東拓・浅野ら財閥が、満洲経済開発のために計一億二千五百万円を投資した。こうして一九三六年までに、航空、電信電話、石油精製採掘、自動車組立、石炭採掘・販売、綿花買入、採金および精製、電灯・電力、製鉄、火薬類販売、森林開発、塩製造販売、ソーダ・爆薬製造、兵器・弾薬製造、新聞事業、商事、生命保険、計器製造、アルミニウム製造、金融など、当時の日本と同じ業務内容の特殊・準特殊会社が、満洲につぎつぎと設立されていった。

一九三四年十二月、前述したように、陸軍大臣を総裁とする対満事務局が設けられ、満洲の行政、満鉄・満洲電電の監督、拓殖を管理することになった。一九三五年二月には日満関税協定が成立、八月には、満洲中央銀行が旧貨引き換えを完了したのである。

ソ連から買収した北満鉄路の改築工事はハルビン、長春間が優先しておこなわれ、一九三五年九月に「あじあ」号が大連からハルビンに直通運転された。平均時速八二キロで、大連からハルビンまで十三時間半だった。ところで、大連〜長春間の満鉄本線全線が複線化されたのは、営業開始から二十七年後の一九三四年で、北満鉄路改築工事が完成したのは、一九三七年である。

満洲全土を鉄道で結ぶ一方、大連港を起点として、上海、広州、香港、青島を結ぶ定期航路も、満鉄が開設した。海運業も各地のヤマトホテルも経営収支は赤字であったが、大連港への投資は、第四埠頭完成直前の一九三六年までで七億九千万円に達した。このほか、創業以来、鉄道付属地が撤廃される一九三七年までに、学校、病院、図書館、公会堂など都市建設に満鉄が投じた費用は四億円で、そのうち二億円余りは満鉄の負担となった。

満鉄による都市建設の代表にあげられる大連は、帝政ロシアの都市建設を引き継ぎ、日本人建築家の手になる、世界に誇れる洋風建築が町を埋めた。道路はコールタール舗装で、各家庭には水洗便所がそなえられていた。満洲の中心である奉天（瀋陽）も、鉄道付属地として、早くから満鉄によって大規模な都市建設がおこなわれた。長春は、東清鉄道への乗り換え地点であり、満鉄が開発した都市として、のちに満洲国の首都となり、新京と改められたあと、国をあげて首都建設事業がはじまったが、未完に終わった。

産業開発五カ年計画

一九三七年、満洲帝国三大国策の一つといわれる産業開発五カ年計画がはじまった。じつは、建国当初の関東軍は反資本主義的傾向が強く、日本の財閥資本の排除と一業一社主義の統制経済を唱えたので、開発が進まなかった。そこで関東軍は一九三四年に声明を発し、国防上重要な事業や公共公益事業のほかは、広く民間の進出経営を歓迎する、と一般企業に呼びかけなければならなかった。

一九三六年、日本の商工省文書課長だった岸信介《きしのぶすけ》が陸軍に嘱望《しょくぼう》されて渡満し、満洲帝国の実業部部長と総務庁次長を兼ねて、産業開発計画を推進した。岸はもともと国家主義的計画経済の提唱者で、商工省の椎名悦三郎《しいなえつさぶろう》ら十七名がその手足となって働いた。

一九三七年、資金二十五億円を投入し、重工業を重点的に育成するという、産業開発五カ年計画がスタートした。重要産業統制法を公布して経済統制の方針を明確にし、三十八の特殊会社、二十一の準特殊会社、自由企業に大別し、重要産業の一業一社制をとった。

ところが、満鉄による資金導入が困難となったために、同年末、岸は関東軍を説得して鮎川義介《あいかわよしすけ》の日産財閥を日本からまねいた。日産は、傘下に日立製作所・日産自動車・日本鉱業・日本化学工業など百三十社、十五万人を擁する大コンツェルンだった。満洲に進出するにあたって、日産は満洲重工業開発株式会社（満業）と社名を変更し、資本金二億二千五百万円で、同額を現物出資した満洲帝国と折半出資となった。満洲帝国の現物出資とは、満鉄から取り上げた工場や鉱山のことである。

満鉄は、こうして鉄道部門と撫順の炭鉱と調査部門だけに改組縮小された。当時の満鉄総裁松岡洋右《まつおかようすけ》は岸の叔父の義兄だったから、岸の人脈によってこれが成功したといわれる。

満鉄系の重工業もその手中におさめた満業は、満洲帝国政府によって年六分の利子を保証され、いちやく満洲産業界の中心となった。しかし、支那事変の進行にともない、産業開発計画は、欠乏した軍需原料を求める日本の物動計画にはめこまれることになる。

開発資材がともなわなかったために、満洲帝国は一九三八年、日満伊通商協定、満独通商協定を結んで、農産物（大豆）の輸出によってこれを獲得しようとした。しかし、一九三九年のドイツの開戦によってこれも期待はずれに終わり、満業の外資導入は失敗し、資材不足に悩みつづけることとなった。

満洲への移民

満洲帝国三大国策のあと二つは、北辺振興三カ年計画、百万戸移住二十カ年計画である。一九三六年八月、満洲国開拓移民二十年で百万戸五百万人計画が策定された。二十年後の満洲国総人口を五千万人と推定し、その一割を日本人が占めることをめざしたのである。

日本は土地が狭く人口が多い。満洲は逆に土地が広大であるが、人口はそんなに多くない。そこで、日本の土地をもたない農民を満洲に移住させて、適正な地価で土地をあたえ農耕させれば、満洲帝国としても農業が拓《ひら》け国益になり、また利用度の低い土地を現住者から適正な値段で買収するのだから、その人たちも喜ぶであろうという発想である。しかし、この考え方はきわめて日本的な独断的発想であった。

中国人農民にとっては土地だけが資産であり、手放すことを望む者などいなかった。また、満洲においては農耕化はすでに相当進んでおり、よほどの辺境でないかぎり、遊休地はなかった。

すでに一九三二年十月、満蒙開拓計画にもとづく試験移民の第一陣として、予備役中佐に引率された在郷軍人五百人弱が、吉林省チャムスから五十キロ南の永豊鎮《えいほうちん》という村に入植した。そこは昔から紅槍会《こうそうかい》という匪賊の巣窟《そうくつ》で、もとは二百戸ほどあったが、日本軍の匪賊討伐の戦場となり、残ったのは七十戸であった。この農民から一戸五円で強制買収し、武装移民団が入植した土地は、横浜市に匹敵する広さで、これが弥栄《いやさか》村となった。

一九三三年七月、第二次武装移民団五百人が、同じようなやり方で、この永豊鎮から南三十キロの、のちの千振《ちぶり》村に入植した。試験移民は一九三六年の五次までつづいた。

一九三四年からは、関東軍の出先部隊が直接、大規模な土地の強制買収をおこない、東亜勧業会社の所有とした。これにより三月、依蘭《いらん》県の土龍山《どりゆうざん》付近で土地を奪われた農民が蜂起し、最盛時には一万人で、第二次移民団を二カ月以上にわたって包囲するという事件となった。関東軍はこの反乱を数カ月かかって討伐したが、こういう土地買収の方法は、満洲帝国統治上有害であることは関東軍も認めざるをえなくなり、満洲帝国側もこのことを主張した。

その後、日本移民のための農地買収は未墾地《みこんち》にかぎり、既墾《きこん》地は一括購入しないことに方針が決定され、その処理は満洲帝国側があたることになった。ところが、現地では買収の当事者が買収面積の確保に熱中し、その後も既墾地をふくめた買収がおこなわれつづけた。

一九三六年、日本人移民の助成機関として設立された満洲拓殖《たくしょく》株式会社（満拓）は、一九三七年、国策によって公社となるにあたり、会社当時の所有地と、東亜勧業会社の所有地を引き継いだ。その所有地は、公社設立一年半後には五百万町歩、一九四一年春までには二千万町歩、二十万平方キロにもなっていた。日本の面積の五割以上の広さである。このうち中国人がすでに耕していた土地は、三百五十万町歩であったという。

一方、日本の内地では、満蒙開拓団が日本全土から募集された。ある村から開拓団としてまとまった戸数を募《つの》り、それを一団として入植させるのが分村で、郡、県単位でまとめるのを分郷といった。初年の一九三七年度だけで約四千人、一九四五年までに、分村、分郷は三百団を超えた。このほか、青少年義勇団とか義勇軍開拓団と呼ばれた、独身青年だけの開拓団が、終戦までに二百五十団、総員約十万人という規模で送り込まれた。

これらの開拓団約二十七万人は、軍事的配慮から主として北満に配置され、一九四五年五月、根こそぎ動員された壮年男子を除いた満蒙開拓団員数は約二十二万人であった。日本の敗戦でもっとも悲惨な目にあったのがこの人びとだったことはいうまでもない。

教育・文化行政

日本は、現地の教育制度の改革についても熱心であった。日本政府の直轄地であった関東州では、日本の小学校にあたる公学堂(農村では普通学校)、高等公学堂、旅順工科大学が置かれ、満鉄経営のものには、南満中学堂、医科大学があった。

満洲国が成立した当初は、一時的に中華民国の学制を踏襲したものの、一九三七年にはこれを廃止し、新学制を公布した。初等教育は国民学舎、国民学校、国民優級学校、中等教育は国民高等学校、女子国民高等学校、高等教育は大学と三段階に分けられた。このほか初等教師の養成を目的とする師導教育と、国民学校・国民優級学校卒業後に進学する職業教育の二部門が設けられた。国民学校の就学率は、一九四一年四月には四五パーセントに達した。

また、民族協和を国是とする満洲帝国の指導者たるべき人材を養成するため、関東軍と陸軍省が主導して、一九三七年八月、建国大学令が公布された。学長は張景恵国務総理、副学長には作田壮一博士が就任し、一九三八年度から学生を募集した。定員百五十人のうち日系は半数の七十五人、満洲系五十人、朝鮮系、モンゴル系、白露系二十五人としたが、日系採用人員七十五人に一万人の応募者が殺到したという。

満洲帝国では、中国語（北京官話）、モンゴル語、日本語の三つが公用語とされ、「日本語の修得がいかなる学校においても必須とされ、将来の満洲国における共通語は日本語たるべく約束されている」（『昭和十五年版・満洲年鑑』）状態であった。

第二次大戦後、日本人が書いた書物のほとんどが、満洲帝国における日本人の優位と現地の人びととの間の不公平を告発し、日本文化帝国主義を反省しているが、当時の満洲にはまだ、統一された文化的な基盤がなかったのであるから、ほかによいやり方があったとも思えない。

戦後、関東軍の行った失策の一つとして非難された建国神廟の建立も、実際には満洲帝国皇帝となった溥儀の強い要望で実現したものである。いくら日満一体とはいえ、日本側はそこまで望んでいなかったのであるが、一九四〇年の第二回訪日直前、溥儀は建国神廟を創建し、天照大神《あまてらすおほみかみ》を奉祀することを決定した。満洲帝国は国民に神道を強制したことはなく、禅を中心とする仏教、道教、キリスト教、イスラム教、モンゴル人の信奉するチベット仏教など、民族によってさまざまな宗教が信仰されていた。

モンゴルの民族運動

さて、満蒙と呼ばれたなかのモンゴルはどうなったのか、ノモンハン事件の背景の説明も兼ねて、ここでまとめてみておこう。

第七章の最後で述べたように、北の「外蒙古」だけがソ連の援助で人民共和国になったあと、中華民国に留まった内蒙古では、隣接する各省の漢人軍閥が、自己の利益を求めて、それぞれ勝手に蒙地開拓運動をおしすすめた。モンゴル人の牧地は減少し、遊牧民の生活は疲弊《ひへい》するばかりだった。

それで満洲事変にさいして、日本の陸軍士官学校出身のガンジュルジャブらは蒙古独立軍を組織し、関東軍に呼応した。かれはかつての満蒙独立運動の闘士バブージャブの次男で、粛《しゆく》親王の十四女で川島浪速《なにわ》の養女となった川島芳子《かわしまよしこ》と一九二八年に結婚、三〇年に離婚していた。関東軍は当初、東部内蒙古から漢人軍閥の影響力をとりのぞくため、モンゴル知識青年の独立運動を支持した。しかし満洲国が建国されたあとは、五族協和という建国理念にともない、蒙古独立は自治に格下げになったのである。

それでも関東軍は、伝統的なモンゴルの牧畜経済を守る配慮をした。対ソ戦略の一環としてモンゴル人を日本人に協力させたいという意図もあったからだが、東部内蒙古とホロンブイル地方には、満洲国の特殊行政区域として興安省《こうあんしよう》が設置された。ガンジュルジャブの内蒙古自治軍は満洲国軍に編入され、興安南警備軍になった。漢人が入植して行政区分としては県になった地域と、モンゴル人の遊牧地である蒙地の境界はすでに入り組んでおり、日系官吏がこれを調査して確定した興安省の行政区域が、のちに中国内蒙古自治区の境界となったのである。

興安省では、平民出身のモンゴル知識青年の要求を入れて、王公と平民の身分上の区別が廃止され、旗長《きちよう》に就任した王公は、政府から俸給を受ける給与生活者になった。日系参事官が旗内の行政を監督し、多くの日本人が熱心に衛生や教育の近代化に取り組んだ。

一方、ソ連にとってのモンゴルは、中国で国共合作が成功していた間は、中国における革命を勝利に導く足場でしかなかった。しかし一九二七年、蔣介石による反共クーデターで国共合作が崩壊すると、コミンテルンはモンゴル人民共和国を中国と切り離す極左路線に転じた。

その結果、モンゴル人民共和国では、モスクワの指令どおり、一九二八年に右派を追放し、一九三〇年には旧王公・仏教僧侶・裕福な牧民の家畜没収、遊牧民の強制的集団化、反宗教運動、下級僧侶の強制的還俗《げんぞく》、個人商業の禁止などの極左政策を決定した。

しかし一九三二年に満洲国が建国されると、モンゴル人民共和国で、それまでの親ソ政策に対する反乱が起こった。「われわれの宗教を守ろう」というこの暴動を、当時八十万のモンゴルの人口の四五パーセントが支持したという。

一九三〇年にようやく独裁権を握ったばかりのスターリンにとって、そもそも満洲国の建国は、日本軍がシベリア鉄道を分断できる土地に進出したことを意味し、非常な脅威だった。スターリンはあわててモンゴルに特使を派遣して実情を調査し、対モンゴル政策を転換して、重点的な経済援助をはじめた。

さらにもう一方の、中華民国支配下の西部内蒙古では、一九三三年にチンギス・ハーンの子孫の一人である徳王《とくおう》が主宰して百霊廟《ひやくれいびょう》会議を開催し、国民政府に内蒙自治政府の設立を要求した。蔣介石はこれを承認し、翌一九三四年、徳王を秘書長とする蒙政会が成立した。

一九三五年、関東軍と国民政府の間で結ばれた土肥原《どひはら》・秦徳純《しんとくじゅん》協定は、関東軍が満洲から越境しない代わりに、宋哲元《そうてつげん》の軍隊は張家口《ちょうかこう》北から撤兵することを約束したものだった。それで関東軍は、熱河省の承徳と赤峰に置いた特務機関をつかって、西部内蒙古を中国から独立させるための工作を進めた。

関東軍の接触を受けた徳王は、一九三五年に百霊廟で開催された第三回蒙政会大会で、対日提携を正式に決定した。十一月末、徳王は満洲帝国の首都新京に行き、関東軍首脳から蒙古建国への軍事・経済援助の約束をとりつけた。このとき日本人はまったく知らなかったが、じつは西部内蒙古が日本の支配下に入った場合、「自救自全《じきゆうじぜん》（みずから身を安全に保つ）」してもよいとの許可を、かれらモンゴル人は蔣介石から得ていたのである。

一九三七年、支那事変が勃発すると、関東軍は東條英機《とうじようひでき》率いる察哈爾《チヤハル》派遣兵団を編成し、蒙疆《もうきょう》地域を軍事占領した。蒙古独立を究極の目標とした徳王は、一九三八年十月、訪日して天皇に拝謁し、旧知の陸軍大臣板垣征四郎に蒙古の独立建国を訴えた。しかし、かつての満洲青年連盟理事長、いまは蒙疆《もうきょう》連合委員会の最高顧問金井章次《かないしょうじ》は、あくまで蒙疆地域の一体的支配をめざして蒙古独立を否定した。

こうして一九三九年九月、モンゴルの遊牧地に漢人地帯も加えて、徳王を主席とする蒙古連合自治政府が誕生したのである。

ノモンハン事件

ノモンハン事件の根底には、満洲帝国とモンゴル人民共和国の国境線が、日本の関東軍の主張のようにハルハ河か、それともモンゴル側の主張のように、ハルハ河から東に十五キロ入ったところだったか、という問題がある。

結論からいうと、関東軍が頼ったロシア軍地図における国境線が誤っていたのである。日露戦争後も満洲国建国まで中国から測量の許可を得られなかった日本は、シベリア出兵のときに旧ロシア軍から奪取した地図に頼って、十万分の一地図を作成していた。ロシアの地図が誤った理由は、「山または河を利用すべき」としたキャフタ条約締結のさいの国境線決定の基準を、清国の国内行政境界であるホロンブイル地方のバルグ族と「外蒙古」ハルハ族の境界に勝手にあてはめて作成したからである。

遊牧民にとって、河は境界線にならない。ハルハ河両岸は伝統的にハルハ族の遊牧地で、ノモンハンという地名も、ハルハの旗長だった僧侶の称号ノミーン・ハーン（法王）に由来する。一九三二年の満洲国建国後、モンゴルの抗議を受けて、ソ連は境界線をハルハ河東北方に修正した地図を作成していた。

ノモンハン事件の前哨戦というべきハルハ廟《びょう》事件が一九三五年一月に起こり、満洲里《まんしゅうり》会議が開かれた。席上、満洲帝国外交部は日本の国策にしたがい、ハルハ河が国境であると主張した。当時のモンゴル人民共和国首相ゲンデンは、互いの背後にソ連と日本がいるという似たような立場どうし、モンゴル国と満洲帝国が対等に平和な隣国関係を結ぶことを願い、国境確定に柔軟な態度で臨んだらしい。

ところが、ゲンデンはスターリンに呼びつけられ、一九三六年、首相兼外相を解任された。同年、会議の満洲帝国側代表の一人だったダグール人の興安北省長凌陞《リンシエン》は、ソ連のスパイという名目で日本憲兵隊に処刑された。スターリンはこのあと、モンゴルに対して本格的な軍事援助に乗り出し、一九三六年三月、ソ連とモンゴルの間で相互援助条約が締結された。

このことを知らずモンゴルを軽視していた日本側は、関東軍参謀辻政信《つじまさのぶ》少佐の「国境線が明確でない拠点においては、防衛司令官が自主的に国境線を認定して、これを第一線部隊に明示する」という「満ソ国境紛争処理要綱」のとおりに行動した。

一九三九年五月、ハルハ河東岸でモンゴル軍と日本軍の衝突が起こった。両軍とも、自国領内を警備中、越境してきた敵兵から銃撃を受けたので応戦したと主張する。同月末、日本側の予想を超えたソ連の機械化部隊のために日本軍は全滅した。六月、報復に燃える関東軍は、大部隊をノモンハンに集結、モンゴル側の拠点を空爆し、関東軍独走の局地戦となった。七月初旬の総攻撃が失敗に終わっても関東軍は敗北を認めず、八月、ジューコフ指揮下のソ連軍機械化部隊の全面反撃の前に敗退したのである。

同年九月、モスクワで停戦協定が成立し、国境線はほぼソ連の主張どおりに確定した。日満軍の参戦部隊総数は七万、そのうち一万八千余人が戦死、二万何千人かが負傷、日本軍だけでも戦死・行方不明者九千人、死傷率七〇パーセントという。ソ連軍は、ノモンハン戦直後のタス通信の発表では戦死三百~四百人、負傷九百人だった。いまでは、勝者であるソ連・モンゴル軍の死傷者数も、戦病死を除いて一万九千余人という大被害だったことがあきらかになっている。

関東軍

そもそも関東軍の任務は満洲の防衛であったが、一九三四年以降は、ソ連領内に進攻作戦をおこなうように変更された。関東軍の兵力は、一九三一年当時は二個師団六万人にすぎなかったが、一九四一年には七十万人になっていた。国内における反満抗日軍は、当初は三十万人にものぼり関東軍を悩ませたが、一九三五年ごろにはやや平静に帰した。

関東軍が反満抗日ゲリラ討伐のために一般の農民を弾圧した話、アヘン専売からの収入を機密費として利用した話、細菌戦研究の七三一部隊の話など、満洲帝国について書かれた書物のほとんどにある、関東軍の犯した罪の告発部分が本書にないのは、すべて今後の精緻な研究を待ちたいからである。

満洲国から満洲帝国時代には、少なくとも国内で大規模な戦争はなかった。満洲の地が戦乱にまきこまれるのは、日本の敗戦のあと、さらに国共内戦がおこなわれた四年間で、このときの死者数のほうがはるかに多かったことを知っておきたい。

関東軍の最盛期は、一九四一年の独ソ開戦直後、関東軍特種演習（関特演）がおこなわれたときで、七十万の精鋭を満ソ国境に集結してソ連を牽制した。しかしその後、太平洋戦争の戦況が日本に不利になるにしたがい、在満日本軍は南方に転用されて関東軍は弱体化した。さらに一九四四年の在華米軍の爆撃、ソ連軍の優勢、一九四五年のソ連軍の東送開始によって、関東軍は作戦計画を攻勢作戦から防御・持久戦に転換し、一九四五年夏には、在満日本人二十五万人の根こそぎ動員を実施するはめにおちいった。

これによって、関東軍は七月末には外面上二十四個師団、兵員七十万人になったが、その大部分は新設部隊で、満足な装備もなく、火砲は関特演のときの二分の一から三分の一にすぎず、実質戦力は八個師団程度であった。しかも、陸軍中央部と関東軍はソ連の進攻時期判断を誤り、在留邦人には連絡もなく、ポツダム宣言受諾直前のソ連の奇襲攻撃の前に、軍・民とも大きな犠牲を払ったのである。

日本の敗戦とその後の満洲については次章で述べるが、満洲帝国が崩壊したとき、それまで関東軍や日系総務長官の指示に唯々《いい》諾々《だくだく》としたがうため、「好好《ハオハオ》先生」と称されていた張景恵国務総理は、こう語ったという。「日本の軍隊は世界一強かったが、日本の軍人は戦争の意味を知らなかった。戦争は談判の手助けだけのものだ。それを日本の軍人は、戦争を個人間の果たし合いと間違えていた。かえすがえすも惜しい軍隊を失った」。

一九四五年の敗戦によって満洲から引き揚げるとき、長く県参事官を務めた日本人に、満洲の古老が語ったことばに印象深いものがある。

「日清戦争当時の日本軍は、農家に宿営しても、自分たちは庭にテントを張って休み、庭を箒《ほうき》で掃《は》いていくような立派な軍隊だった。日露戦争に来ている軍隊もよく、長く居座っている大鼻子《ターピーズ》（ロシア人）には反感もあったし、労力も食糧も車もすすんで出した。ところが奉天の会戦後、たくさんの日本人が奉天に来たが、この人たちが急に威張り出した。満洲事変のときに間島省にやってきた関東軍は、たちの悪い朝鮮人小作人の訴えを真に受けて、地主の漢人をいじめたりした。そのうちに満洲国建国となった。日本人もだんだんによくなりつつあると思って楽しみにしていたが、敗戦で残念ですねえ」

この古老は、噂によれば、漢人化した満洲旗人の出身であったらしい。

第十章 日本敗戦後の満洲

——満洲帝国の〝遺産〟が現代中国をつくった

日本の敗戦と満洲帝国崩壊

一九四五年二月、アメリカのルーズベルト大統領、イギリスのチャーチル首相、ソ連のスターリン首相によるヤルタ会談で、ソ連は対日参戦の見返りとして、日露戦争で失った南樺太の回収、満洲における権益復活、日本のシベリア出兵の代償としての千島列島併合を認められた。

しかし日本はこの内容を知らず、四月にソ連から日ソ中立条約の不延長を通告されたにもかかわらず、ソ連を仲介として米英との講和をはかろうとさえ考えた。五月にドイツが無条件降伏したあと、七月二十六日、対日ポツダム宣言が発表された。

八月六日、広島に原爆が投下され、ついで九日に長崎に原爆が投下された。八月十四日、日本はポツダム宣言受諾を回答し、十五日、天皇陛下の終戦の詔勅がラジオから流れた。

ソ連は、自国が参戦する前に日本が降伏し、発言力が低下することを恐れていた。アメリカの原爆開発成功を知ったソ連は、予定を繰り上げて八月八日、日本に宣戦布告し、九日には満国境に展開する百七十四万人の極東ソ連軍に攻撃開始を命令した。モンゴル人民共和国も十日に日本に宣戦布告した。日本がポツダム宣言を受諾したあと、十六日には大本営から即時戦闘行為停止の命令が出たので、関東軍総司令部では停戦と降伏を決定した。しかしそのあともソ連は戦闘をつづけ、占領地の拡大をはかったのである。

満洲帝国では、ソ連参戦直後の八月九日、朝鮮国境に近い通化《つうか》へ関東軍総司令部を移転することを決定した。関東軍は、満洲帝国皇帝溥儀と張景恵国務総理にも同行を求め、十一日、首脳陣は新京を脱出し、十三日に朝鮮と河一つへだてた臨江《りんこう》郊外の大栗子溝《ダーリーズゴウ》に到着した。十八日、ここで満洲帝国皇帝退位式がおこなわれた。

皇帝一行は日本に亡命する手筈であったが、十九日に軍用機で通化を出て、奉天空港に到着したとき、ソ連軍が空港を接収、溥儀と皇弟溥傑《ふけつ》らはソ連軍に拘束されて、張景恵らとともにチタに連行された。一行はのちにハバロフスクの収容所に入れられ、一九五〇年になって中国共産党に引き渡された。溥儀はこのあと、撫順、ハルビン、ふたたび撫順と中国共産党の監獄に収容され、ほかの満洲帝国戦犯とともに労働改造と思想教育を受け、罪を告白して一九五九年十二月、特赦によって釈放された。

日本人で満洲帝国に関係した人びとの終焉《しゅうえん》を簡単に述べておくと、東條英機（関東軍参謀長、のち首相）、松岡洋右（満鉄総裁、のち外相）、星野直樹（満洲帝国総務長官）の三人は東京裁判でA級戦犯として起訴され、東條は絞首刑、星野は終身刑の宣告を受け、松岡は公判中に病死した。土肥原賢二、板垣征四郎も東京裁判で絞首刑、本庄繁は自決した。国策映画会社の満映理事長であった甘粕正彦《あまかすまさひこ》は、八月二十日に青酸カリ自殺した。一方、満洲事変のもう一人の首謀者石原莞爾は、東京裁判でも起訴されずに終わった。

満洲に残留した日本人のなかで、古海忠之《ふるみただゆき》（総務庁次長）をはじめとする一千人以上が、戦犯として撫順と太原に収容された。一九五六年、四十五人が中国共産党から有期刑の判決を受けた以外は帰国した。古海は十八年の刑を宣告され、一九六三年に釈放された。

開拓団の悲劇とシベリア抑留

一九四五年六月の根こそぎ動員で、開拓団の男たちはつぎつぎと召集され、入植地には、老人、女性、子どもばかりの二十二万人が残された。しかも、このころ関東軍が策定した新しい満洲防衛計画では、南部から朝鮮国境にかけての中心部を限定的に死守するために、満洲全土の四分の三の地域を放棄することを決定していた。

しかし、百三十二万人余の居留民を内地に送還する船舶も食糧の目途もつかないという理由で、北満の開拓地や都市の居留民に対する避難措置《そち》はいっさいおこなわれなかった。それどころか、防衛計画の変更や兵力削減がソ連に漏れることを恐れた関東軍は、ソ連侵攻を予想しながら、国境付近に入植している開拓団になんの通知もしなかったのである。

八月九日、ソ連軍は東部国境、北東国境、西部国境、北西国境、モンゴル人民共和国と内蒙古との国境から、いっせいに満洲に侵攻した。ソ連軍は、避難する一般民の女性や子どもも容赦せずに襲撃をしたので、集団自決をふくめ、一万人以上の開拓団員がその犠牲になった。中国残留婦人や残留孤児（好んで残ったわけではないのに「残留」ということばをつかうのも無神経である）問題も、このために起こった。

八月十九日、東部ソ満国境ハンカ湖近くで日ソ間の停戦交渉がおこなわれた。ソ連首相スターリンは、二十三日に日本軍捕虜五十万人のソ連移送と強制労働利用の命令を下した。日本軍の武装解除は八月下旬までに終わったが、ソ連軍は復員を認めず、すでに離隊していた男までも強引に連行した。日本人捕虜はまず、満洲の産業施設の工作機械を撤去しソ連へ搬出するために使役され、八月下旬ごろからソ連領内に移送された。総数五十七万五千人とされているが、実際は七十万人近くが移送されたともいわれる。

大戦で荒廃したソ連の復興のための労働力とされた日本人抑留者たちは、シベリア各地、中央アジア、コーカサス地方にまで送られ、鉱山、鉄道、道路建設、工場、石油コンビナート、森林伐採などの重労働を強いられた。およそ六十万人の抑留者のうち、約一割にあたる六万人が、極端に悪い食糧事情のなかでの重労働によって亡くなった。

一九四五年十一月になって、日本政府は、関東軍の軍人がシベリアに連行され強制労働をさせられているという情報を得る。一九四六年五月、日本政府はアメリカを通じてソ連との交渉を開始し、同年十二月、ようやく日本人抑留者の帰国に関する米ソ協定が成立した。十二月八日、ナホトカ出港の引き揚げの第一陣、計五千人が舞鶴《まいづる》に入港し、これから漸次《ぜんじ》引き揚げがおこなわれたが、受刑者をふくむシベリア抑留者の最後の引き揚げ船が舞鶴に入港したのは、一九五六年十二月だった。

満洲引き揚げ

関東軍が停戦し武装解除されたあと、ソ連軍が満洲各地に進駐すると、日本人避難民はさらに苦難にさらされた。ソ連軍による理不尽な発砲・掠奪・強姦のほか、中国人の暴徒化、反日侮日《ぶにち》がつづいた。

満鉄路線図

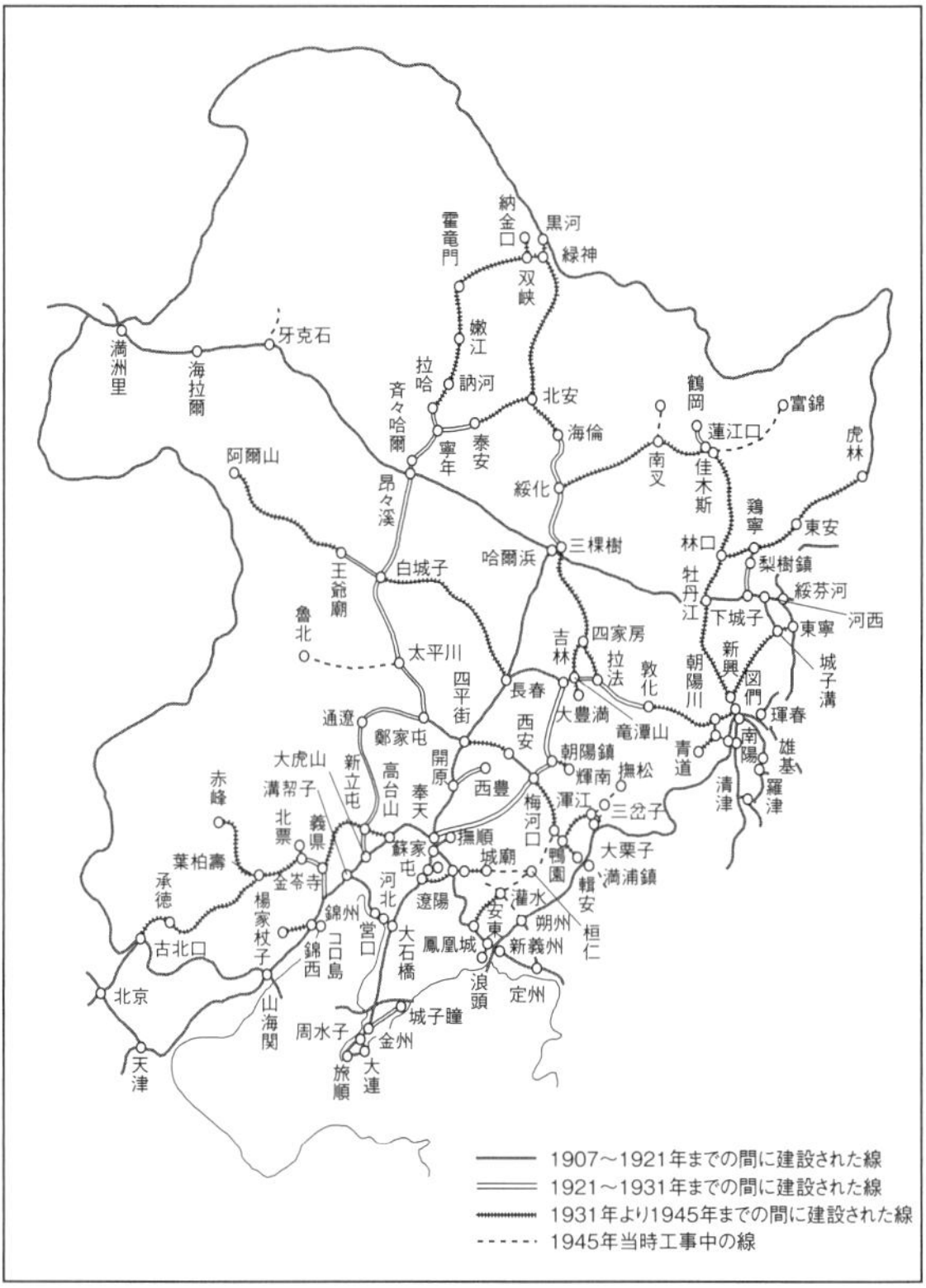

小林英夫『満鉄』（吉川弘文館）より作成

満洲各地で難民となった日本人は、各都市の日本人会によって小学校や官舎や寮に収容され、集団生活を送ったが、やがて極寒の冬が訪れ、衣類、食糧、医薬品、燃料などが極端に欠乏するなか、栄養失調や発疹《はっしん》チフスなどで、一九四五年中におよそ九万人、一九四六年五月までにさらに四万人が亡くなった。

ソ連は、軍関係者を根こそぎシベリアへ連行したあと、一般人の引き揚げに関しては、無関心というより冷淡であった。一方、アメリカは、日本人は全員日本に帰還させるという方針を堅持し、三人小組（国共調停のため、米軍、国民党軍、中共軍の代表から成る調停委員会）が活動をつづけ、残留日本人の現地状況の調査をおこない、一九四六年八月には中共地区からも日本人の送出をはじめる協定が成立した。国民党軍の進出地域では、五月から日本人の計画的な引き揚げが実行されていた。あとで述べるが、すでに国共内戦がはじまっていたのである。

ソ連軍はまた、終戦後まもなく長春（旧満洲帝国の首都新京）に進駐したあと、山崎元幹《やまざきもとき》満鉄総裁に、日本人鉄道員八万人をふくむ満鉄社員の現職継続を指令した。ソ連軍は満鉄を利用して、全満洲の重要な重軽工業の施設機材や物資を本国に搬送したのである。ソ連が運び去ったものには、水力発電機、石炭、鉄、機械、木材、セメント、小麦粉から、学校の机や便器まであったという。翌一九四六年に、ようやく旧満鉄社員の内地帰国がはじまったが、山崎総裁が帰国したのは一九四七年七月になってからであった。

終戦当時、満洲在住の日本人人口は軍人をのぞいて約百五十五万人と推定され、そのうち死亡者は十七万六千人にのぼる。全満洲在留邦人の六五パーセントにあたる百一万人が、一九四六年十月末までに、ほとんど民間の力によって内地へ引き揚げた。

国民党軍と共産党軍の国共内戦

さて中国では、一九四五年八月八日、ソ連が日本に宣戦布告すると、毛沢東はこれを熱烈歓迎した。八月十日、日本のポツダム宣言受諾の報が連合国各地に伝わり、百二十八万人の日本軍と七十八万人の汪兆銘《おうちょうめい》政府軍が接収の対象に転化したとき、延安《えんあん》の共産党司令部は、敵軍の降伏を受け入れ、武装解除にあたるように指示、ソ連赤軍に呼応するため、旧東北軍を中心とする部隊が、察哈爾《チヤハル》・熱河《ねつか》・遼寧《りようねい》・吉林《きつりん》に向かって進軍するように命じた。

蔣介石は連合国との協議にもとづき、中央の軍事委員長が受降に関するいっさいを決定しようと、共産党軍に「原地駐防令」（命令があるまで現在地に留まるように指示）を出した。しかし国民党軍は、日本軍の前線や占領地から離れており、共産党軍より立場が悪かった。

それで蔣介石は、日本軍在華最高司令官岡村寧次《おかむらねいじ》に降伏勧告命令を伝達、軍事行動停止後、日本軍はしばらくその武器と装備を保有し、現在の態勢を保持し、駐在地の秩序および交通を維持し、中国陸軍総司令何応欽《かおうきん》の命令を待つよう要求した。これは、日本軍に共産党軍の侵攻を阻止させる任務をあたえたようなものであった。

蔣介石の国民政府は、八月十四日、モスクワで中ソ友好同盟条約を調印し、二十四日には批准書を交換していた。しかし、この時期すでに、満洲はソ連軍に制圧されていた。スターリンは国民党軍が満洲に進駐することに反対したが、それはソ連軍が日本軍から押収した武器弾薬を、国民党軍ではなく中共軍に供与するつもりだったからである。

アメリカ政府は、予想されるソ連の侵入にそなえて、北京と天津を押さえるために、華北に五万三千人のアメリカ海兵部隊を送った。アメリカ空軍は、広東《カントン》、福州《ふくしゅう》、廈門《アモイ》、長沙《ちょうさ》の飛行場から、上海、天津、北京、長春、奉天、ハルビンに向けて八万人の国民党軍を空輸した。一方のソ連は、アメリカが支援する国民党軍が満洲に進出するのをできるだけ阻止しようとし、大連は商業港であるから、いずれの国を問わずこの港からの軍隊の上陸は許さないなど、国民政府を愚弄《ぐろう》しつづけた。

一九四五年十二月、国民党がようやく山海関《さんかいかん》を占領したころ、共産党軍はすでに満洲の百五十四の県、七十前後の都市を占領していた。ソ連は約束の期限が来たがいっこうに撤退せず、中共軍はソ連軍の支援を受けながら、各地に軍事委員会をつくり、人民代表大会を開いて自治政府を立て、着々と基盤づくりを進めていた。

その後、国共両軍は満洲各地で激突した。一時は国民党軍が有利であったが、一九四八年三月、国民党軍はついに吉林《きつりん》を失い、十月以降、錦州、長春、瀋陽で共産党軍が勝利し、満洲は共産党軍のもとに入った。中華人民共和国が成立したのは、一九四九年十月である。

この間、たとえば鞍山《あんざん》鋼鉄公司（昭和製鋼所、満洲製鉄鞍山本社）の運命はめまぐるしく入れ替わった。日本が満洲に残した遺産が、国民党と共産党の両者にとって、どれだけ重要であったかを示す一例になると思うので、ここで詳細をあげておく。

一九四五年八月二十一日からソ連軍の支配下に入ったあと、一九四六年二月下旬または三月上旬から共産党軍、同年四月二日から国民党軍、五月二十五日からふたたび共産党軍、六月一日から国民党軍、一九四八年二月十九日から共産党軍、同年十月六日から国民党軍、同年十月三十一日から共産党軍という順番で、その政治支配下に入ったのであった。

モンゴルの戦後

さてモンゴルであるが、スターリンが対日参戦の条件として英・米両国に認めさせたのが、一九四五年二月のヤルタ協定の第一条「外モンゴルの現状は維持される」である。この協定にもとづき、それまでモンゴルに対する主権を主張しつづけていた蔣介石の中華民国とソ連の外相間に、同年八月十四日、覚書が交換された。

そして覚書どおり、全有権者の九八・四パーセントが参加した国民投票が一九四五年十月におこなわれ、独立反対は一票もなく、一九四六年一月、国民党中国によって正式にモンゴル独立は認められた。これは同時に現状維持の承認であったから、ソ連は内蒙古に関しては中国の主権を認めたのである。

八月十日、対日宣戦布告をしたモンゴル人民共和国は、一九三六年に締結されたモンゴル・ソ連相互援助条約にもとづき、スターリンがシベリア移送を指令した日本軍捕虜の配分を受ける権利を得た。

戦争が終結したにもかかわらず、国際法を無視して捕虜に強制労働をさせたのは、モンゴルがこれを一九三九年のノモンハン事件（モンゴルではハルハ河戦争と呼ぶ）など、一連の日本の侵略行為に対する賠償とみなしていたからである。一九四五年十月から十二月の間に、約一万二千人の日本人捕虜がモンゴルに連行されて、強制労働に従事した。捕虜全員が引き揚げたのは一九四七年十月で、二年間で約一千六百人が死亡した。

一方、日本占領下の内蒙古は、重慶《じゅうけい》国民政府が接収準備を開始した。傅作義《ふさくぎ》がただちに先遣隊を派遣し、八月十五日に包頭《パオトウ》を、十八日に帰綏《きすい》（厚和《フフホト》）を接収した。この間、共産党の八路軍は張家口を包囲した。日本政府の無条件降伏により、張家口にいた三万人の日本人全員が北京・天津方面へ撤収することになると、日本の駐蒙軍は武器・弾薬を蒙古軍に提供すると徳王に伝達した。しかし、蒙古軍の主力は張家口から遠く離れた厚和に駐屯し、鉄道は八路軍に切断されて、これはかなわなかった。

蒙古独立のため日本と提携していた徳王は、ソ連・モンゴル軍が張家口に接近したので、日本軍の保護下で北京に脱出した。徳王は今度は国民政府のもとでの「蒙古高度自治」を求めて重慶に行き、蒋介石と会見した。

蒋介石は、関東軍が徳王と接触した一九三五年に「自救自全」の許可を出しており、その後も徳王からひそかに連絡があったので、かれを国民政府の賓客《ひんきゃく》として迎えた。徳王と蒙古青年同盟の人びとは、一九四九年八月には阿拉善定遠営《アラシヤンていえんえい》で蒙古人民代表大会を開き、蒙古自治政府を樹立したが、国民党が国共内戦に敗れて台湾に撤退すると、これも崩壊した。

徳王は今度はモンゴル人民共和国を頼って、ウランバートルに脱出した。モンゴル政府はしかし、一九五二年に徳王を北京に送還し、徳王の長男を日本特務（日本のスパイ）の罪名で処刑した。中華人民共和国に引き渡されたあと、漢奸《かんかん》として服役した徳王は、監獄で重い肝炎を患い、一九六三年に特赦令で釈放され、一九六六年、内蒙古で肝臓ガンのため亡くなった。

満洲帝国興安省の官吏だったモンゴル人たちは、はじめモンゴル人民共和国と合併して統一国家をつくろうと考え、進撃してきたモンゴル軍と各地で協議した。しかし、ヤルタ協定は外モンゴルの独立を保障していただけだったので、モンゴル軍が撤退したあとの一九四六年一月、王爺廟《おうやびょう》（ウランホト）の東で、旧満洲帝国興安省長ボインマンドを長とする東モンゴル人民政府が成立した。

しかし、この政府は、ソ連やモンゴルからも蔣介石からも相手にされず、中国共産党が一九四五年十一月に張家口で組織した内蒙古自治運動連合会に吸収された。

一九四七年五月、延安時代から中共と行動をともにしたウラーンフー（烏蘭夫）を長とする内蒙古人民政府が樹立した。モンゴル人の宿願であった「内蒙古」の統合に力を尽くしたのは、満洲帝国興安省のモンゴル人たちであった。かれらは、一九四九年、中華人民共和国が成立すると、内蒙古自治区人民政府と改称されて、その一員となったのである。

その後の満洲＝中国東北地方

一九四五年八月二十二日に大連に無血入城したソ連軍は、十月二十七日に中国人代表を大連ヤマトホテルに集めて、大連市長などを選出した。十一月八日に成立した大連市政府は、大連在住の日本人のうち、戦犯と各種の専門技術を有する者のほかは日本へ送還することを決定した。大連市は、一九四六年七月から日本人の大規模住宅を接収し、同年十二月からはじまった日本人送還で、およそ二十万人の日本人が帰国したあと、その空き家を中国人に支給した。それらの住宅は、一九四七年五月までで約一万六千戸を数えた。

ソ連は大連港の管理運営は手放さず、中国長春鉄路となった旧満鉄も、中ソ合弁であったが実質的にはソ連軍が接収した。ソ連は軌道幅員をシベリア鉄道と同じ五フィートに改築することを要求したという。結局、朝鮮戦争などの東西陣営の対立激化のなかで、ソ連はようやくこれらの返還を決めた。一九五一年二月に大連港が中華人民共和国に返還され、一九五二年十二月に中長鉄路が中国の単独管理となった。

中華人民共和国政府は、旧満洲帝国の西部は内蒙古自治区や河北省に編入し、残りを、黒龍江、吉林、遼寧の東北三省とした。東北三省の総面積は七十八・七万平方キロで（満洲帝国は百三十万平方キロ）、全国土面積の約八・二パーセント、人口は一九八五年末で九千二百九十五万人で、全中国の人口の八・九パーセントを占める。

しかし、東蒙古をふくむいわゆる東北経済圏（旧満洲帝国）として考えると、総面積百二十四万平方キロ、全国土の一二・九パーセントを占め、人口は一億五百万人、総人口の一〇パーセント前後を占めている。一九九九年末の総人口は一億二千万から一億三千万人と推定されている。

毛沢東はかつて、「仮にすべての根拠地を失っても、東北さえあれば社会主義革命を成功させることができる」と語った。実際、戦後の満洲は中国の重工業生産の九割を占めた。東北地方は国有企業が中心で、たとえば大慶《たいけい》油田は純収益の九〇パーセントを政府に上納、売上高の六〇パーセントが税金というふうに搾取されていた。これは「東北現象」と呼ばれる。

満洲帝国の遺産を食いつぶしたのちはじめられたのが、改革開放路線であったのである。

おわりに

二〇〇六年三月、本書のもとである『世界史のなかの満洲帝国』をPHP新書から刊行した直後、見知らぬ人から長文の手紙が届いた。内容を要約して紹介する。

「突然お手紙を差し上げることをお許し下さい。先生の著作を感慨深く読ませていただきました。感謝の意をこめていささかの感想を申し上げるべく筆を執《と》りました。

私は昭和二年に満洲の奉天に生まれ、昭和十九年三月に熊本の第五高等学校に入学したとき初めて内地にやってきました。もう太平洋戦争は始まっていましたが、私が奉天を出るときは満洲の地は「王道楽土《おうどうらくど》」であり、日本人には大変住みやすいところでした。五高在学中に終戦となりましたが、幸い私は学業を続け、昭和二十二年に京都大学工学部に入学しました。熊本や京都の学生生活で内地の人々の習慣や行動に戸惑うことがしばしばありました。今思うと、私のセンス自体が内地の人たちとはかなり違っていたようですが、先生の著作を読み、満洲の歴史や風土がそこに住む人間の感性に影響を与えていたのではないかと思った次第です。

一九六〇年初めてアメリカに招待されたとき、『満洲とアメリカはなんと似ているのだろうか』と思いました。飛行機から見える大平原は満洲そのものでした。機関車のデザインも満鉄自慢のアジア号と似ており、流線型のデザインはアメリカのコピーだったと知ってがっかりしました。満洲の鉄道付属地の住宅街もアメリカの都市計画を参照して作られたと聞いていますが、アメリカの町に違和感を感じることはありませんでした。

私は今までアメリカには五十回以上、ヨーロッパには三十回以上行っていますが、大陸で育った身には外国のほうが性《しょう》に合っていると思うときがあります。私は子供のときには軍国主義による教育にマインドコントロールされ、戦後は自虐史観の考えが蔓延《まんえん》した世の中で生きてきました。自分が生まれた満洲の歴史は満洲の学校ではほとんど学ぶ機会はありませんでした。先生の著書には満洲の歴史が淡々と書かれていて、私が生まれ育った故郷の事情がよくわかりました。私は今人生の最後のコーナーを回ったところですが、生まれ育ったところの歴史を知ったことは大変有意義でした。一言感謝を申し上げたく、読書感想をしたためました」

こういう日本人が、戦後の日本の繁栄を築いたのだ。ところが、戦前の教育を受けた世代が社会の第一線から退場したあとの昨今の日本人の劣化は、誰もが認めるところである。つまり、戦後の日教組教育は大失敗だったわけだ。日本人の倫理道徳観念の喪失も問題だが、日教組教育の最大の弊害は、日本の近現代史における自虐史観である。

私が卒業した京都大学文学部東洋史でも、満洲やモンゴルの研究は時代遅れとされ、「満鮮」や「満蒙」ということば自体が、日本の中国侵略をあおったという理由で忌避《きひ》された。私の恩師のチベット学者、佐藤長《ひさし》先生から本の礼状を頂戴して、先生が満洲育ちだったことを私ははじめて知った。

「満洲の歴史は古いものはありますが、溥儀《ふぎ》皇帝の満洲を中心に書かれたものはなく残念に思っておりました。というのも小生はやはり満洲育ちで、時間的には戦後の宮城県の田舎暮らしが長いのですが、満洲を故郷として思うこと多く、ほんとうに懐かしい満洲です。有難いご本です。今晩も遼陽《りようよう》の白塔《はくとう》、旅順《りよじゆん》の要塞、撫順千金寨《ぶじゆんせんきんさい》の露天掘《ろてんぼり》等夢見て過ごしましょう。長い間中国やその周辺のことを検《しら》べて暮らしてきましたが、そんな生活ができたのも、少年期にあの無数の貧困な人々の群れを見てきたからのようです」

佐藤先生は終戦まで北京に留学しており、ここで新婚生活を過ごしていた瀬戸内寂聴《じやくちよう》さんと親交があったことは学生時代に聞かされていたが、東洋史学者ですら、戦後は満洲関係者であることを公《おおやけ》にすることは憚《はばか》られたのだ。先生は二〇〇八年に九十四歳で亡くなられたが、最後に孝行できて良かったと思う。

日本の敗戦後、外地から現在の日本国領土である内地に引き揚げてきた日本人は、六百六十万人にのぼった。異文化を肌で知った新しい日本人がこんなにたくさん誕生していたからこそ、世界中が目を見張るような日本の戦後復興が成し遂げられたのではないか。

私は二〇〇五年から、国士舘大学21世紀アジア学部で、留学生を含む新入生にアジア史を講義している。一学年の四分の一を占める留学生の大多数は中国人で、あとは韓国、ロシア、カザフスタン、キルギス、トルコ、ネパール、タイ、ミャンマー等々アジア各国出身である。私の夫の岡田英弘著『歴史とはなにか』（文春新書）の内容から始めて、同『世界史の誕生』（ちくま文庫）『中国文明の歴史』（講談社現代新書）を概説し、最後に、日本列島と朝鮮半島と中国大陸の関係を、本書を使って講義する。これら四冊のうちのどれかを読了して、レポート提出をさせる。

どの本も大学生には難解であることは承知の上だが、世の中には、自分に理解できないことがたくさんある、とわからせることも教育だと考えている。中国人も熱心に読んでレポートを書く。はじめて知ったことが多かったと言われるとひじょうに嬉しい。
今回、あらたにワックブンコとして本書を刊行する手助けをしてくれた松本道明さんと、実際に編集の任にあたってくれた小森明子さんに、心よりの謝意を表する。

著者

本書は、二〇〇六年三月にPHP研究所より出版された『世界史のなかの満洲帝国』を改題・改訂した新版です。

宮脇　淳子（みやわき・じゅんこ）

1952年、和歌山県生まれ。京都大学文学部卒業、大阪大学大学院博士課程修了。学術博士。大学での専攻は東洋史であるが、従来の東洋史の枠組みを越えて、中央ユーラシアの視点にたった遊牧民の歴史と、草原と農耕地帯を総合的に見る中国史を研究している。現在、東京外国語大学・国士舘大学非常勤講師。著書に『モンゴルの歴史』（刀水書房）、『最後の遊牧帝国』（講談社選書メチエ）、『朝青龍はなぜ強いのか？』（ワック）などがある。

世界史のなかの満洲帝国と日本

2010年10月28日　初版発行

著　者　宮脇　淳子

発行者　鈴木　隆一

発行所　ワック株式会社
東京都千代田区五番町 4-5　五番町コスモビル　〒 102-0076
電話　03-5226-7622
http://web-wac.co.jp/

印刷製本　図書印刷株式会社

ISBN978-4-89831-635-1